AQUARIUS

AQUARIUS

AQUARIUS

AQUARIUS

Catcher

一如《麥田捕手》的主角，
我們站在危險的崖邊，
抓住每一個跑向懸崖的孩子。
Catcher，是對孩子的一生守護。

熱血教師．阿倫

愛．讀冊

青春期孩子這樣教

【前言】

任教是幸福；受學生愛戴是奢華的幸福

一直認為當教師是件十足幸福的事，畢竟在這個社會中，要找到可以如此受人尊敬的職業並不多，尤其是下課後回到辦公桌前，看到學生留在桌子上的字條時，總能讓我瞬間升到幸福的最頂點，以下就是幾則比較特別的學生留言：

有事找他準沒錯。

可以跟他談心事。

和學生最麻吉的帥哥。

站在台上就如同明星開個人演唱會。

走路非常有風。

一上台就有掌聲，而且學生都會尖叫。

每次有活動時，都能管好全校，真是太厲害了！

不管是在音樂會，還是社團展演，他都可以抓住學生的眼光，超厲害！

上他的課就是很高興。

上課方式很有趣。

上阿倫老師課時，完全

不會睡著。

他雖然穿衣服一點都不像老師，但上他的課可真精采啊！

雖然被他整，還是會覺得很快樂。

不管走到哪裡一樣還是帥。

他的樣子令我招架不住，拚命流口水。

他姓帥哥。

一看見他，一定會圍在他身邊。

在這些字條的背後有著一雙雙熱切的眼眸，在純真底下閃耀著需要與愛戴；被需要是一種幸福，而這種幸福感會隨著人數而急劇升高，除此之外，當學生在校園中對著我拿起手機及相機拍照時，感覺自己受歡迎的程度簡直不輸給偶像明星。

當然，如此受到學生歡迎是十分令人高興的一件事。

因此，如果有人問我為什麼當教師可以如此的樂在其中時，我可以很肯定的回答：「因為我的虛榮心可以得到無比的滿足。」

果然，任教是種幸福；而受學生高度愛戴是幸福中的奢華。

【給學生們的話】

如果不會，就學，就練習

褒獎

我最常聽到的兩句話是：「到底有什麼事是你不會的啊？」以及「你的自信心究竟是從哪來的啊？」

哪有人是全才的？其實我從小運動細胞就不好，所以從國小就開始苦練滑板。摔傷、流血及骨折是家常便飯，這也導致後來產生了風濕的後遺

症，但當我跳躍上欄杆時，眾人總是發出欣羨的目光：「姿勢真帥。」

我一跳舞就會同手同腳，於是常常一個人看著錄影帶並對著鏡子練習，所以在日後指導學生姿勢時，學生也很納悶：「你怎麼都知道該怎麼跳啊？」

我的體能一直都很差，於是我努力健身，常常不做到肌肉痠痛不肯罷休，因此很多人也會說：「阿倫看起來很斯文，力氣卻很大。」

我從幼稚園開始就不間斷的練習繪畫，畫了三十年後，每當有作品出現，每個人的評論都是：「你的美術天分真好。」

在這些讚嘆的背後，其實有很多的汗水是大家所看不到的。

準備功夫

當學校有活動時，我必須事先把禮堂的音響、麥克風、燈光等器材架設好，許多參與過的教師對於我可以操作如此複雜的設備感到佩服。

但三年前的我可是看到這些東西就傻在那裡呢。如果只有麥克風就還好，但主機該怎麼架設？接頭該如何轉接？插座應該是哪一個孔？這些問題一直不斷困擾著我，甚至因為流程太過複雜，我還採用很笨的方式解決，就是貼上各種顏色的貼紙後編號，但還是屢屢會出很大的槌。

在畢業典禮上播放的短片也讓許多人驚豔，但在製作之前，我甚至不知道應該使用什麼軟體，當請教過電腦老師後，我花了很久的時間摸索軟體功能，然後在看過許多短片的分隔畫面之後，我扛著攝影機找許多學生充當演員，之後一個人不眠不休的在電腦前剪接後呈現。

就連要帶領學生跳火球舞也是一樣，原本因為一竅不通而被打到齜牙咧嘴，我只好不斷去請教許多專家，然後自己躲在學校苦練，在不知道起了多少水泡之後，才可以站在學生面前很專業的指導。

因此，回到之前的兩個問題：

「到底有什麼事是你不會的？」

我的回答是：「我幾乎什麼事情原本都不會的。」

「你的自信心究竟是打哪來的啊？」

我的回答是：「當你準備好了，信心自然就會產生。」

期勉學生

新的一年即將來臨，在未來的日子裡，請不要動不動就說：「我不會，我做不到！」

不會就去學！

不會就去試！

不會就去練習！

期待大家在看完這本書後都可以改口為：「我堅信我可以做到！」

目錄

Chapter 1
令人驚豔的蛻變

為98分而哭的學生

雖然孟姜女依舊無法完全擺脱分數的魔咒，但隨著畢業時間的到來，哭倒在地的次數也漸漸減少，甚至會花一些時間從事其他能力的培養，這是件令人高興的改變。

每年一次

人生如同一個大輪盤，有些事情在轉了一圈後會再度出現，當出現的次數多了，感覺上就像是種必然的機率。

我每年必定會遇到一位孟姜女，只不過古代的孟姜女是哭倒長城，現代孟姜女則是哭倒阿倫。

這些孟姜女哭到昏天暗地的原因通常都是感情因素，我印象最深刻的孟姜女卻是為了成績而哭。

不管因素為何，背後一定是有幕後黑手在操控才對，不然哪有這樣剛好一年一個的巧合，這絕對是京都念慈菴川貝枇杷潤喉糖派來我這邊打廣告的。

小孟：我歹命呀！

阿倫：哇！小孟又來了！

　　再哭你會燒聲啦！

小孟：不會啦！我三不五時都用京都念慈菴川貝枇杷潤喉糖來保養我的喉嚨。

　　啊～天然ㄟ尚好！

　　啊……

喉糖廠商應該付這些學生不少錢才對。

學務處鬧鬼的真相

當學務處同仁都在努力工作的時候，卻

聽見空氣中傳來斷斷續續的抽噎聲，漸漸的轉變成為聲嘶力竭。

聲音明明是從訓育組那邊傳過來的，偏偏就是看不到有人在哭泣，莫非學務處不乾淨？

走到訓育組的座位一看，令我一臉惶恐，不知所措，地上有一團物體正是哭聲的來源，這種癱倒在地上的哭法嚇到了學務處的同仁，從此，學務處裡沒有人不認識這個為了成績而哭的孟姜女。

我還原一下事情發生的經過：

「老師，我國文考得很差，我一定是個笨蛋……」孟姜女走到我身邊說道。

「你考98分耶！這樣應該可以滿意了吧！」我實在不知道她有什麼好哭的。

孟姜女：「可是一定有人比我還厲害，我根本是個笨蛋。」

「小姐！你可是全校第一名，如果你都是笨蛋，那其他學生怎麼辦？」我看著慢慢濕潤的眸子說道。

「我一定是笨蛋啦！」孟姜女哽咽起來，澄澈的淚珠溢滿了眼眶。

「……」我對於眼淚一向很沒轍，有點慌了手腳。

孟姜女越哭越激動，接著便跪在地上渾身哆嗦，最後是瀕臨崩潰的痛捶心肝，整個人當場哭倒在又硬又冷的地板。

而這樣悽慘只是因為：她沒有考滿分。

成績不是唯一

學生的成績表現一直是家長拋不掉的緊箍咒，雖然很多人的觀念都是成績無法決定一切，但教改十年後，學生的壓力依舊沉重，補教業是經濟不景氣中的奇蹟，這不是很弔詭嗎？

有些職場應徵人才的方式十分簡單，即公立大學的履歷表留下，其餘的謝謝再聯絡。這種選才方式不甚公平，雖然成績好壞不代表工作能力的高低，但對於許多企業來說，既然要花同樣的錢，當然會想請出身名校的人，畢竟大學生剛離開學校，沒有工作經歷可以了解其工作能力，只能依據成績優劣來選擇了。

這種情形不只出現在台灣，放眼全世界幾乎也不外如此，但成績不好難道未來就比較黯淡嗎？這當然也未必。

有企業在應徵時，更注重面談時表現的可塑性及潛力，也有不少人學生時代成績不顯眼，畢業後仍舊能闖出一片天，更何況，高學歷也不代表一個人的成就及幸福指數就會高。

話雖如此，據美國調查顯示，美國前百大大學的畢業生佔年收入超過十萬美元的總人數九成，這無非是相當殘忍的事實。

成績不是唯一跟成績完全不重要是不同的觀念，要在這個世界生存，很難完全不在乎成績的好壞，但像孟姜女這種執著在一、兩分上卻是不必要的。

學習不應是拘泥在分數的表象，而是背後代表的意義。

成績是為了驗收自己的學習效果，並非滿足虛榮，**教師要培養的應該是學生的學習能力，而不是訓練學生應付考試的能力**。

成績雖然有某種程度的重要性，但人格的養成也是相當重要的，若是全然的分數導向，那麼學生一旦脫離升學考試制度後，無論是進入大學或是職場，很明顯的就再也不願意學習或是閱讀了。

於是，我必須花許多的時間來讓孟姜女了解到，世界其實是很寬廣的，有時必須要把視線從分數上移往他處，畢竟學習不是只為了求分數，分數也不是評定人生的唯一標準而已，教育應該要涵蓋整體能力。

除了讀教科書之外，還應該按個人特質與興趣發揮，從而為日後的全面發展打下一個基礎。

還是要唸書喔

雖然孟姜女依舊無法完全擺脫分數的魔咒，但隨著畢業時間的到來，哭倒在地的次數也漸漸減少，甚至會花一些時間從事其他能力的培養，這是個令人高興的改變。

培養不同的能力固然是件好事，但是為了未來的前途著想，還是要記得好好的唸書喔。

只是不要太鑽牛角尖就是了。

成績突飛猛進的學生

當總幹事學長在工作上養成責任感與榮譽心之後，慢慢的也轉移到學業上，原本課業不甚理想的他，成績也開始突飛猛進。

金頂電池

訓育組有許多工讀生負責不同的事務，雖然工作性質不盡相同，但共通性就是沒有一個是輕鬆的，無論是搬運器材時累到兩腳無力，或是躲在幕後操作機器時揮汗如雨，甚至還要一起面對讓活動順利的沉重心理壓力，不過幾次的活動辦下來，漸漸也養成他們良好的默契，以及培養出極其深厚的革命情感。

"畫"說：
在現今的三年×班—
有著一位「神出鬼沒、
無所不在……而且—
來無影，去無蹤的
"總幹事學長"
哈哈哈～
YA-

但不管有多麼深厚的情感，三年的時間一到，該分別的終究跑不掉。

我們今年也免不了要送走一顆金頂電池，也就是學生漫畫中所說的「總幹事學長」，這個學生就如同廣告中的兔子一般，總是有著永遠用不完的精力，連他自己也自嘲是個閒不下來的過動兒，當然也因為這個原因，讓他一腳踏上訓育組的不歸路。

三年前，金頂電池廣告的兔子不停在電視上敲著鼓。每天午休時間，學務處前面也可以看到一隻金頂兔子不停的晃啊晃。

「你都不用午休的啊？」

「我不想睡覺啊。」

「不想睡覺喔，那乾脆來訓育組幫忙工作好了。」

「好啊。」

於是，一個不願午休的學生遇上了無法午休的

訓育組……

責任感

一開始我對總幹事學長並不是很滿意，雖然願意幫忙是件好事，積極跑腿也令人高興，但他吊兒郎當的個性卻著實讓人生氣，不過卻又很難真的對他發起脾氣，簡單的說，這個學生不是很有責任感。

說起責任這碼子事，自古就認為那是邁向成功最重要的基石，也是支撐人生的一種執著。

訓育組的工作需要許多人幫忙，每位學生各司其職。

從整體上看來，許多工作乍看無足輕重，但只要一顆小螺絲鬆動，活動就可能出現無法彌補的失誤，漫不經心的態度也可能會把大家的辛苦化為烏有，因此我需要訓練總幹事學長的責任心，也希望能夠驅使他對工作認真。

於是**我利用機會讓總幹事學長挑戰自我，希望他能夠學會耐力和堅持，接著我讓他在自己負責的領域內有最大的自由，幾乎是讓他自由的馳騁飛翔，畢竟能夠被師長託付的人必然是有能力且深受信任的。**

但這樣的方式卻存在著致命的風險，因為自由的結果真的會造成許多問題，當錯誤造成時，總幹事學長當然也知道嚴重性，這對於國中生而言是種很沉重的壓力。

我的方式是：「幫他把這個黑鍋背下來。」

榮譽心

總幹事學長當然知道造成失誤的真正原因，下次當我交代事情時，他便會開始注意細節，每做一小段工作就仔細檢查，他漸漸變成我手下最有責任感的傢伙。

當總幹事學長在工作上養成責任感與榮譽心之後，慢慢的也轉移到學業上，原本課業不甚理想的他，成績也開始突飛猛進，只不過他每天依舊不願午休，總是在學務處前晃啊晃的，甚至在基測的前一天中午，還在學務處前狂練街舞，他果然是一隻永遠閒不下來的金頂兔子啊。

捨不得

國中國文有一課是梁啓超的〈最苦與最樂〉，裡面提到最苦的事是責任未卻，最樂的事是責任盡了。總幹事學長應該可以體會到這個道理，當一個人頂著責任而走，便能憑藉尊嚴克服許多挑戰，進而讓人成熟且充滿智慧，學習到邁向成功的毅力。

只是、只是、你可不可以不要畢業啊。

這樣以後誰來幫我……

架音響、跑腿、打雜……

來去扣留總幹事學長的畢業證書好了……

讓學生探索自我

老師們能不能減少一些應付性的垃圾工作，多些時間來輔導學生尋找自己的人生？這才是學校應該做的事，畢竟讓學生嘗試錯誤、探索未來才是教師的主要工作。

學生閃閃發亮的眼神

雖說六月是梅雨季，但一直下大雨的情形對高雄來說是很反常的，在這樣一個微冷的午後，三十幾個國中生正努力的在開班會。

班會課決議的事項是擁有絕對性的，就算我是導師也必須遵守，本來我很單純認為這樣才是有意義的，沒想到這樣的班會課……

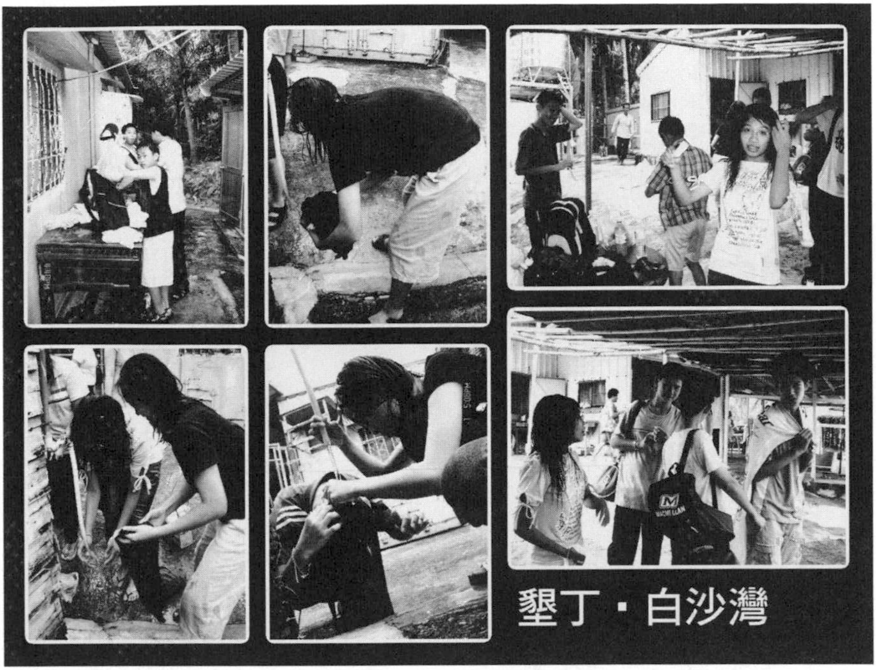

「我們拿班費去玩好不好？」這不用問吧。只要是學生都會贊成。

「去過夜好不好？」耶？可不可以問一下導師要不要帶你們去？

「好，大家都贊成阿倫老師帶我們去墾丁過夜。」喂，我又沒有說好。

「那行程費用誰來安排？」終於主席點到手已經舉到快斷掉的導師了。

依照投票的結果，班上決定由最負責的人規劃一切，在下很榮幸的被全員一致公認是班上最負責的人，儘管我覺得好像有哪裡怪怪的，因為總有一種被陷害的感覺。

最後還是被學生們閃閃發亮的眼神所說服，答應在期末考之後安排一次郊遊活動。

其他老師欽佩的目光

就這樣，當全校不是辦烤肉大會，就是火鍋大會時，只看到我東市買駿馬，西市買鞍韉，南市買轡頭，北市買長鞭……在東奔西跑中，我看到許多教師眼中流露出一種佩服的眼光。

「不愧是年輕人。」這是我最常聽到的一句。

「你有種。」這是他們發現我還會讓學生到海邊玩水時說的結論。

「注意安全啊。」這是處室主任唯一說的話。

豪邁的司機

常態分班的好處就是什麼職業的家長都有，剛好多多的父母就是遊覽車司機與導遊，既然自己的女兒也在車上，相信車輛的保養跟檢查絕對是可以信任的。多爸跟公司同事討論女兒班上要去墾丁的事，這群遊覽車司機越講越激動。

「你女兒平常給人家添這麼多的麻煩，這老師還願意帶她出去玩，一定要給他大力的贊助下去啦。」就這樣，班上只需負擔遊覽車的油錢算是意思意思，果然有大力的被贊助到了。

晴天娃娃

暑假開始的第一天我起了大早，順便向老天祈求千萬不要下雨。來到學校，很多學生一臉疲倦的樣子，小孩子就是這樣，旅

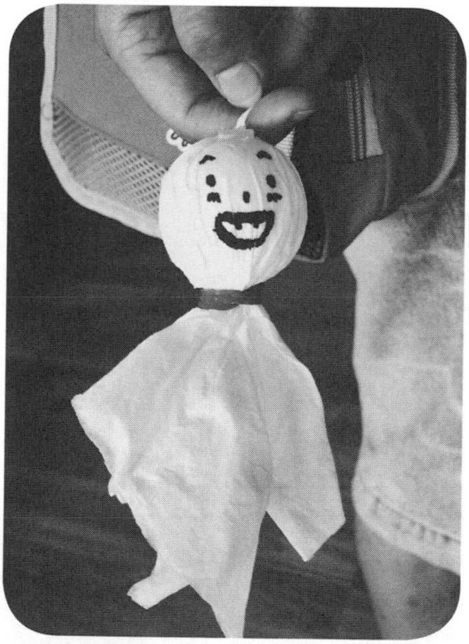

行的前一天常會太興奮而睡不著。

幾乎所有的家長都來送行，沒辦法，因為導師在行程表上寫著：七點二十分在校門口集合，七點三十分準時出發，底下還有一個附記，為養成負責的態度，我們不會等遲到者，三十分準時發車，且將不予退費。所以家長深怕學生遲到，最好的方法就是帶他們來學校。

出發時，有幾個學生拿著晴天娃娃得意的對我說：「這個娃娃果然很有用的。」哈哈，之前學生問我如果出去玩時下雨怎麼辦？我順口回答：「那就做個晴天娃娃禱告吧。」她們還真的做了一堆啊。

海灘嘉年華

墾丁對南部人不算是陌生的地方，就算是國中生，墾丁也去過很多回了，只是，有多少人可以跟全班去海邊玩水呢？因此，第一天中午肚子填飽之後，學生們連衣服也不換，就這樣衝進白沙灣玩起水來。

讓學生玩水這件事，我的壓力並不小，因此決定開始說服家長幫忙。

於是，**小尋的爸爸站在海中的警戒線留意著，多多的爸爸在淺灘附近走動，其餘幾個家長在沙灘上數人頭，而我站在沙灘上，隨時準備衝進海中救人。**

這天的浪不小，這反而讓學生們玩得更高興。浪越大，學生就越興奮，但是我跟家長就越小心。就在這個時候，一個大浪打來，很多同學站不穩，紛紛被沖到沙灘上來，其中阿孝的狀況有點不尋常……

學生流行穿垮褲露內褲頭的狀況讓很多大人都搞不懂，一直需要去拉褲子的穿法怎麼可能會舒服？既然常常需要去拉褲子，就表示可能會因為某些原因導致褲子被脫掉，譬如：一個大浪？沒錯，阿孝突然就露著屁股站在那裡，看他一副沒察覺的樣子杵在沙灘上，我抱著肚子笑到喘不過氣來，其他家長也忘記剛剛嚴肅的氣氛，笑得東倒西歪。

看著一群沒同情心的大人，阿孝終於明白大家在笑什麼了，碎碎唸個不停的把褲子拉好。

愛玩水，彷彿是每個孩子的天性

向大浪挑戰

學生在浪花中衝來衝去，天真的笑著，即使滿身是沙也無所謂，而我也笑到不行。有多久沒有這樣了？我望著這些學生的身影，心中無限感慨，這群公認是頭痛班級，被很多教師批評為太過社會化的小孩，是本性如此，還是社會風氣造成他們如此？是不是只有在脫離校園的時候，才能發現學生展現出青春活力的另一面，看到他們羈押在心裡的小小孩？

我們的教育怎麼了？**很多人都抱怨青少年失控的行為導致許**

多嚴重的社會問題，但是在整個人格塑造的過程中，卻往往只在乎在學校表現出來的分數。

一個老師除了上課之外，不但有許多作業要批改，還有許許多多的雜務要處理，幾乎都工作到很晚。

老師們能不能減少一些應付性的垃圾工作，多些時間來輔導學生尋找自己的人生？這才是學校應該做的事，畢竟讓學生嘗試錯誤、探索未來才是教師的主要工作。

要不要再玩一次？

隔天在墾丁國家公園的觀海樓上，學生問我：「老師，你一定覺得我們這次出來玩都很乖，對不對？所以下午可不可以再讓我們到海邊玩一次？」

的確，在國家公園裡面已經走了三個鐘頭，平常被我嘲笑才十三歲卻有六十歲身體的他們，竟然不再抱怨天氣太熱，或是因為走不動而耍賴，我望著下午的行程表，心想：有・何・不・可・呢？

讓我引以為傲的學生

相信學生而在一旁默默守護著他們，在學生需要幫助時伸出援手卻是不容易做到的，這需要花非常多的心力在溝通與相處上，或許有時會有肉包子打狗的無力，就算如此，當教師就必須要繼續相信他們，唯有如此，才能讓學生將能力發揮到極限。

訓育組有許多小幫手，有改過銷過的苦力、有認真負責的禮堂工讀生、有工作繁雜的訓育組

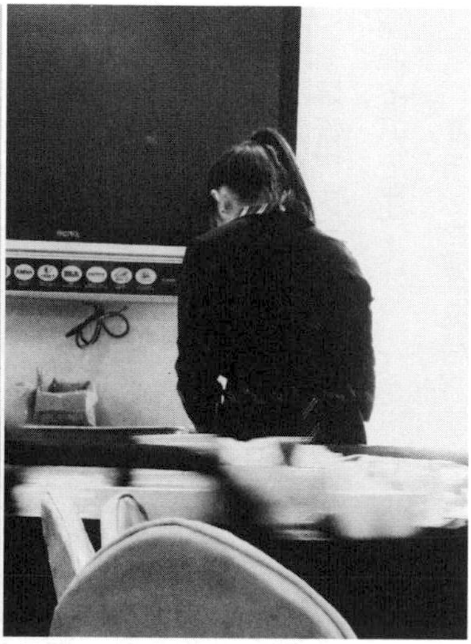

工讀生、有憑實力爭取到的司儀，也有靠才藝的主持人，還有作門面的旗手……這些學生的來源也有所不同，有主動報名的、有甄選出來的、有半路撿到的，其中負責門面的旗手是我親自尋覓來的。

對於學生而言，能在升旗典禮上成為眾人目光所及的旗手，是件至高無上的榮譽，究竟誰能夠最終獲得此項殊榮呢？

我認為你是好學生

我對旗手的要求為「儀態大方、具責任感、外貌良好、身材適中、身高一百六十五公分以上」，通常是利用不同的機會到各班尋找，也會請學生幫忙推薦，挑選出來的學生會經過嚴格的訓練，因此能夠擔當旗手的學生可說是千中選一。

某天我又來到一個班級：「你們班比較高的女生是哪幾個啊？」幾個女學生起立後，我馬上注意到的學生是巧巧，一雙天真無邪的大眼睛，加上齊眉劉海與長頭髮，若是身邊再有黑貓相伴的話，活脫是「Emily the Strange」的真人版，只不過是帶著笑容的開朗版。

自從巧巧擔任旗手的工作之後，我完全不用擔心這一個區塊，甚至臨時交代某些事項，就看到她甜甜地把事情辦得妥妥帖帖看到巧巧如此開朗、努力地想要完成工作時，我越來越覺得她其實是很討人喜愛的，也由衷的希望巧巧可以持續在這個負責的氛圍下，開創出屬於自己的一片天。

後來，巧巧就成了我最要好的學生之一。

儘管巧巧在我面前總是甜甜的開朗，但也曾經低落的說道：「我應該不是老師認為的好學生。」

「會嗎？我就認為你是好學生啊。」我覺得很納悶。

「我不是好學生啦！因為我的功課不好。」巧巧更低落了。

很多學生常有這種迷思，認為功課好才稱得上是好學生，也認為教師往往會比較疼愛功課比較好的學生，但好學生的定義應該不光是課業，而是還有品德與多元智能等條件吧。

在刻板印象中建立起來的好學生標準，名次的概念一直誤導到現在，而這種鑽牛角尖的想法，往往會讓這些幼小的心靈承受到無能為力的痛楚。

「好學生不應該只有分數一項而已，我問你：你平常對人講話是不是都很客氣？」我緩緩說道。

「是啊！」

「你對師長有沒有禮貌？」

「有！」

「你跟同學相處的狀況呢？」

「還不錯！」

「我交代你的工作能不能負責任的完成？」

「可以！」

「那對我而言，你就是好學生了。」我微笑的說。

巧巧的開朗回到了臉上，又像以往把事情辦得又快又好，神情中還透露出重拾光采的喜悅。

畢業典禮的那天，巧巧坐在領獎區，我從巧媽的眼神中看到了驕傲。

巧巧，你知道嗎？你在我心中一直都是好學生啊！

教師的態度是關鍵

巧巧畢業後的那年暑假，我與朋友臨時決定去吃飲茶，沒想到看到一個熟悉的身影……

「巧巧你怎麼會在這裡？」我沒想到會遇到巧巧。

「啊……」巧巧驚訝到講不出話來。

巧巧畢業後，為了怕自己變成宅女，決定利用高中還未開課的空檔打工，算是她踏出人生中很重要的一步，她找到人生中的第一份工作。

巧巧打工是為了學習如何自食其力，並獨立去面對工作上的種種挫折及困難，這點讓我十分感動，畢竟大多數學生都選擇坐享其成，很少會有像巧巧這樣身體力行的。

從巧巧的身上，我學習到孩子能否發揮潛能與自信取決於教師的態度。

教師要學生遵守自己的規定不是難事，但無形中卻抹殺了學生的自主權，若是放任學生自由發展的話，未免有種不負責任之感，但相信學生而在一旁默默守護著他們，在學生需要幫助時伸出援手卻是不容易做到的，這需要花非常多的心力在溝通與相處上，或許有

認真的女孩最美麗

時會有肉包子打狗的無力，就算如此，當教師就必須要繼續相信他們，唯有如此，才能讓學生將能力發揮到極限。

巧巧就是讓我十分驕傲的學生，無關課業！

原來，當老師可以從學生身上看到許多光芒，果然是件幸福的工作啊！

教育永遠不會是做白工

教育永遠不會是件做白工的事，像這次法律劇場的活動，雖然我沒有很充裕的時間，但無論是討論、分配角色，以及排演，學生都會找我商量，而這個過程正是培養師生情誼的最佳途徑，尤其是混年級組隊，就格外顯得有意義。

有鑑於社會上的犯罪率大幅提高，而且犯罪年齡日趨下降，常常是因為許多青少年缺乏法律常識所致，因此，我接到一紙公文，內容大約是為了加強同學的法治觀念，以及提升正確法律知識，特地在一個星期後舉行法律劇場的比賽。

這場比賽剛好跟校慶音樂會的檔期衝到，我實在挪不出時間來指導戲劇社的同學，只好不斷鼓勵他們：「你們是最優秀的一群，不但反應快、頭腦好，而且還是認真又負責的乖巧學生，所以，可不可以自己排一下？有時間我一定會去幫你們。」

激發潛能

就這樣，這群小朋友自己寫劇本、自己導戲、自己控時間、自己排練、自己想辦法生戲服……

或許是上天於心不忍而大發慈悲，一通電話通知我們延後一星期比賽，這時救星出現了，戲劇社的老師一口氣修改了劇本、重新規劃了走位、音效、服裝，在很短的時間內把所有學生訓練完畢。

到了比賽那天，一早便和戲劇老師開車將學生送至會場，由於是第一個出場的隊伍，因此早早便已就定位，沒想到評審裡面竟然有我研究所的教授，我忍不住心裡的納悶問：「您怎麼會在這邊？您是國文系教授耶。」

教授看到我也忍不住納悶：「你怎麼會在這邊？你又不是教戲劇的。」

一個是來評咬字發音與用語的國文教授，一個是帶隊前來的國文教師，兩個人就這樣相遇在戲劇比賽的場合之中……

做白工？

一個星期後的下課時間，教授笑著對我說：「要請客喔。」

「為什麼？」我為什麼要請你，我又還沒要交論文……

「你不要以為我不知道，第二名有獎金兩千塊。」

「可是這兩千塊是學生的啊。他們又沒有分我。」

「你至少也有記功記嘉獎之類的吧。」

「這次比賽的指導教師並沒有敘獎喔。」教授，您會不會想太多了。

「這樣不就是做白工了嗎？」教授很驚訝的說道。

「絕對不是做白工，因為我還要開車載學生來回，所以必須自付油錢。」怎麼可能是做白工，除了油錢之外，我還要請他們一人一杯飲料呢。

很棒的禮物

教育永遠不會是件做白工的事，像這次法律劇場的活動，雖然我沒有很充裕的

時間，但無論是討論、分配角色，以及排演，學生都會找我商量，而這個過程正是培養師生情誼的最佳途徑，尤其是混年級組隊，就格外顯得有意義。

不管是比賽前的互相鼓勵、比賽時的臨場緊張、比完後的檢討，甚至是獲知得獎的欣喜，這些實在無法說是做白工，這些對我而言都是很棒的禮物呢。

一群帶得出場的乖孩子

坐在隔壁的阿倫班學生馬上告誡這位同學：「你可以跟阿倫很好，但是不可以沒大沒小，畢竟他是老師，而且也是長輩，該有的尊重還是要有的。」

我很喜歡在課堂上講故事，其中，小猴子是最常出現的主角……

藝術洗禮

在小猴子出場之前，首先要談一下學期末的時候，大開劇團推出了「再說・再見」的精采小品，只不過時間點很不湊巧，由於今年已經帶學生看過國光豫劇隊的「慈禧與珍妃」，也看了相聲瓦舍的「鄧力軍」，所以沒有可以帶學生看表演的預算了。

天啊，有表演卻沒有經費可以帶學生去欣賞，這種處境對於訓育組而言，簡直就如同在叢林中被食人族重重包圍一般，我不禁仰天長嘯：「我死定了，老天救救我。」

只見天空出現一道光，灑進學務處，一個溫暖而堅定的聲音出現：「不用擔心，經費的事就包在我身上了。」就看見輔導主任乘風而來，說完又乘風而去。

既然有了經費，大開劇團也很阿沙力

的派了兩位當家主角到校宣傳，一段小小的故事卻讓學生感動不已，因此隔天七點半才開始的報名活動，學生竟然七點不到就已經在學務處前排成一列，四十張的票馬上就額滿。

後台導覽也是一種學習

大開劇團公演的當天，我們在開演前的兩個鐘頭前就已抵達會場，因為，大開劇團要幫學生做後台的導覽介紹。

從邊門進去後看到掛在走道邊的道具服，馬上就讓學生感受到不一樣的氣氛，接著走過化妝間和休息室，演員也十分熱情的向學生打招呼，穿過黝黑的通道後走到了舞台，導覽員詳細的解說各式各樣的專業知識。

要成為頂尖的表演者，站上舞台中心不是件容易的事，但透過大開劇團的後台導覽，學生有機會以不同的角度，來窺探後台的真面目，這是個難得的寶貴經驗。

真的很感謝大開劇團，謝謝。

貼心的好孩子

當參觀完後台之後，學生便重回收票處排隊，為了不干擾其他的民眾，因此先要求學生將手機轉成震動，接下來大約一個鐘頭的時間，雖然高雄的天氣熱到讓人抓狂的地步，學生卻安安靜靜的排著隊伍，不知道是因為生活教育實施得不錯，還是熱到懶得大呼小叫，反正整個看過去就是十分有氣質。

當大家都很安靜的在排隊時，排在入口處的學生招手要我過去一下，因為那裡剛好可以吹到室內跑出來的冷氣。

「沒關係啦，我還是在後面排隊就好了，很感謝你們的好心。」我感動的說。

「我們又不是要你來吹，是請師母啦。孕婦不是都很怕熱嗎？這裡比較涼快。」學生一臉怪我不體貼孕婦的回答。

這樣的舉動著實令人感到貼心，真是一群帶得出場的乖孩子啊。

當然，自己誇自家的孩子有點老王賣瓜，但孩子這種穩重的表現讓大開劇團主動提供了一大堆的舞台劇原聲CD，算是對孩子的一種肯定吧。

尊重

一直微笑觀察我與學生互動的老婆大人，趁著學生不再纏著我的空檔說：「我發現學生大小事都很愛跟你講耶。」

「是啊。」

「雖然什麼八卦都會跟你講，但還是都有學生的分寸。」老婆大人接著說。

老婆大人話才說完，一個不是阿倫班的學生或許是也想要加入聊天，突然冒了句有點輕蔑的話。這時坐在隔壁的阿倫班學生馬上告誡這位同學：「你可以跟阿倫很好，但是不可以沒大沒小，畢竟他是老師，而且也是長輩，該有的尊重還是要有的。」話說完之後，還不忘繼續耳提面命一番。

接下來這個冒失的學生果然講話都保有適度的尊重，而且還會先警告同班的同學：「你可以跟阿倫很好，但是不可以沒大沒小，畢竟他是老師，而且也是長輩，該有的尊重還是要有的。」

這讓我想起一個關於小猴子的實驗……

科學家在鐵籠子裡關了十隻小猴子，籠子中央疊了一堆椅子，椅子頂端掛著一串香蕉，小猴子看到香蕉豈有不動心的道理，於是急忙爬上椅子要拿香蕉。

但科學家裝了一個自動裝置，若是偵測到有猴子要去拿香蕉，馬上就會有桶冷水潑下來，籠子也會瞬間通電，所有的小猴子通通都會被電到，因此當手腳最快的小猴子剛碰到香蕉時，一桶水就這樣潑了下來，除了爬上椅子頂端的小猴子被電到摔下來之外，其他小猴子也都被電得亂叫。

幾次下來，每隻小猴子都被電翻了，而且不管換哪隻猴子嘗試都是相同的狀況，於是猴子們達到一個共識：「不可以去拿香蕉，因為香蕉會有電。」

當小猴子都不去碰香蕉時，科學家將一隻舊猴子換成一隻新猴子，剛被關進籠子的新猴子一看到香蕉，馬上爬上椅子想要去拿。結果，被其他的舊猴子拖下椅子海K一頓，因為其他猴子認為新猴子會害牠們倒楣，所以制止這新猴子去拿香蕉。這隻新猴子嘗試了幾次，被打到滿頭包之後，也就放棄要拿香蕉了。

後來實驗人員再把一隻舊猴子換掉，換另外一隻新猴子，這隻更新的猴子也想要拿到香蕉，結果也是被其他猴子海K了一頓，原先的那隻新猴子甚至還打得特別用力，幾次下來，這隻更新的猴子也只好作罷。

實驗繼續到最後，小猴子都已全部更新，沒有一隻猴子曾被冷水潑過，當然也沒有被電過，香蕉依舊懸掛在最上頭，卻沒有任何一隻小猴子會去打香蕉的主意。

學生就像這群小猴子一樣，可以透過同儕的力量來學習，但不是潑冷水和通電而已，而是要告訴學生為何要這麼做。

看著後來知道尊重為何物的學生，我還是要誇獎一下：「做得好，小猴子。」

老師，我下次國文一定會考好！

挫賽不但開始認真聽講，試卷檢討時會爭著問問題，甚至會主動回答我所拋出來的題目。

這不是賭

班上有個名叫「挫賽」的學生，他整天動輒就將挫賽兩字掛在嘴邊，尤其是發考卷的時候，更是挫聲連連，所以就自然產生這個綽號了。

如果一個學生不肯聽課，又愛搗蛋，不喜歡唸書，也不願測驗，那分數要不讓人憂心也很難，這樣的學生自然也讓教師跟著擔憂起來了。

引導這樣的學生其實很費神，因為不是依靠懲罰或鼓勵就可以解決問題，而是要他自發性的產生某種信念，這種信念也不是課堂上就可以教會的，要改變這種現狀，教師就需要創造一個機會，當然，有時機會會自己產生……

「老師，我下次國文一定會考好！」挫賽不知受到什麼刺激，跑到我的辦公室發願。

「是喔，那很棒啊。」我看著他。

「如果我考好，你要請我吃飯。」原來挫賽的目的在此。

「你唸書又不是為了我，為什麼我要請你吃飯？而且，如果考好要請你，那你考不好呢？」

「如果我考不好，我就一分陪你做五下伏地挺身。」

「為什麼你考不好，我要跟著做伏地挺身啊？」

「你是我們的國文老師啊。我考不好，你當然也要負責啊。」挫賽說的好像有點道理。

「那你要跟我賭幾分？」

「這不是賭啦，這叫做約定。」挫賽糾正我說。

「這有什麼不一樣的?」

「賭博是違法的行為，而約定是種承諾，也就有履行的義務。」挫賽很認真的解釋，接著又說：「我跟你約定六十分，如果做不到約定，那我們就一起做伏地挺身，如果做到，你要請我吃什麼?」

「麥當勞好不好?」

「不要，吃麥當勞會發胖。」

「那你要吃什麼?」

「我要吃肯德基。」挫賽一講完，整個學務處都忍不住笑了出來。

「吃麥當勞會發胖，吃肯德基就不會，你是認為漢堡比炸雞還容易發胖嗎?」

自我要求

讀書要有成效，往往不是靠外在壓力就可以完全達到，最重要的還是在於自發

性。

許多國中生不會自發性的讀書，除了外在的誘因太大之外，還有一個很重要的因素，就是孩子通常都沒有「決定權」。

國中生沒有辦法決定自己要不要來學校，也沒有辦法決定要學習的科目，既然無法決定，很多時候混過就好了，畢竟未來離他們太遙遠，也太過虛幻了。

但孩子往往忽略了一件事，生命的過程或許會有外在因素的限制，但內在世界卻是可以自己開創的，決定權是需要靠學習判斷與經驗累積而來，做決定也不意味著就能得到想要的，因為常常還伴隨著不想要的。

既然決定權需要靠學習與經驗，許多成年人便認為國中生的經驗不足，無法做出正確的判斷，於是直接把價值觀強灌給孩子。但成年人的判斷就絕對正確嗎？正確與否的判準又是誰決定的？

讓學生學習如何決定，並不代表親師就什麼都不必做，而是透過引導讓學生了解自我，再協助學生思索問題，最後做出判斷，期間最重要的便是培養學生「不放棄」與「自我接納」的觀念。

許多事情並非會如預期般的發展，人生因為有著許多的不確定性而充滿驚喜，正所謂謀事在人、成事在天。但不放棄的堅持卻是可以操之在我的，當盡力做完一件事後，往往對於後續發展較能夠釋懷，對輸贏就能有更開闊的想法，也較能夠自我接納。

自我接納不代表沒有挫折，而是不會讓結果來決定內在價值，進而為下一次的決定累積判斷的經驗。

國中生的決定權雖然不多，但有件事卻是可以自己決定，那就是：要不要主動去學習。

願賭服輸

挫賽願意訂下目標而努力是件好事，但他口中的約定其實還是種賭博行為，用賭的方式來引誘學生唸書在某個層面來說並不恰當，而且還有一點很重要的是：「我不甲意輸的感覺。」

但教育心理學中的行為學派有所謂的「正增

強」：就是在學生表現某一種正確的行為之後，立即給予酬賞，用以增進或增加某一行為的能力。

為了讓挫賽專心於學業之中，當許多方式都宣告無效後，用他本身的提議來做，或許不是十分適宜，但可能會有著意想不到的契機，於是，一場名為約定的賭博就開始了，而且還吸引了一些學生的加入。

不過，挫賽一直跟肯德基無緣，只能跟我一同邁向猛男之路，順便替正在啃著肯德基的同學提供餘興表演。

但他漸漸了解到讀書是為了什麼，讀懂了多少，漸漸地也就比較不需要外部的激勵。挫賽不但開始認真聽講，試卷檢討時會爭著問問題，甚至會主動回答我所拋出來的題目。

加油，總有一天你會跟肯德基爺爺相認的。

讀莎士比亞四大名著的國中生

為何要選小說？因為我發現絕大部分的學生都沒有閱讀課外讀物的習慣，要學生離開聲光效果絕佳的電視與網路簡直是要他們的命，所以採用也容易讓人沉迷的小說當敲門磚。

陪孩子閱讀

許多人都不斷強調現在是知識經濟的時代，但國中的國文教師卻很憂心學生的程度，除了國文時數減少之外，也感覺學生越來越不愛看書。

調查數據顯示，台灣民眾一天看書不到一小時，看電視才是國人最愛的休

閒活動，而且不論國中或是國小的學生最愛看的書都是漫畫。

許多國文教師對於這種現象都十分憂心，於是抓到機會就拚命加強國文能力，但總還是感覺上課的時數不夠。

我卻反其道而行，不但沒有拚命趕課，反而每節課都加上一段小說，感覺分明是拿石頭砸自己腳的行為。

這種方式其實是經過考量的，當大家都希望能提升學生程度，讓他們在未來能夠立足時，同時也發現到教育改革雖然沒有捷徑，但卻有著所謂的有效方法，其中許多國家都不約而同在大力推廣閱讀運動，甚至把閱讀的年齡下降至新生兒，因為最新的腦部研究發現，閱讀和聯想力、創造力、感受力、理解力、記憶力都有極大的關聯。

尤其是目前的世界已進入知識世紀，一切的競爭與價值都以知識為主，這時最基礎的功夫就要從閱讀著手。若是學生不願意花時間在閱讀上面，那麼不用等到未來與其他各國學生做比較，在現今其實已注定輸了。

於是，我在半哄騙半強迫的方式下，想盡辦法要學生到圖書館借書，每個星期還必須繳交一篇讀書心得報告。

但我也擔心這樣的方式會流於形式，學生可能只是應付而已，因此在每節國文課上課之前，我都會至少抽出一段時間，完全放下所有事情，陪著孩子做閱讀。

讀偵探小說

要學生喜歡閱讀書籍，養成習慣就是很重要的工作，但要養成習慣其實不簡單。

我發揮擅長的「騙小孩」功夫，而這次的目標就是要學生看小說。

為何要選小說？因為我發現絕大部分的學生都沒有閱讀課外讀物的習慣，要學生離開聲光效果絕佳的電視與網路簡直是要了他們的命，所以採用也容易讓人沉迷的小說當敲門磚。

「小說的種類非常繁雜，但大致上可以分為愛情、靈異、科幻、偵探、歷史、武俠、翻譯等大類，那……（開始講解各種類型的特性）」我在與學生感性的對話後，開始介紹起小說的種類。

「你們想要我帶你們閱讀哪種類型的小說？」每種小說我都有一本目標設定。

「偵探小說。」這是班上大部分的選擇。

為了讓學生順利掉入陷阱之中，這時的語氣就很重要了：「你們想看竊盜案件（有氣無力的呢喃），還是喋血殺人案件（非常興奮的高亢）？」

「殺人的。」

「那是只要殺一個人？還是要殺……一……堆……人？」

「一……堆……人。」

「好，我剛好有一本書，書名叫做《一個都不留》，故事內容大致是……」我每次都很滿意學生的配合。

學生自動將事情做好

每一節課我要做的工作就是唸劇情，至於對白則用抽籤的方式決定每個角色，由於每節課都會重抽一次，因此全班都有機會輪到不同的角色。

一段時間後，每個學生唸對白時漸漸會去揣摩故事的氣氛和角色的語氣變化，而隨著角色人物一個個死去，學生也漸漸期待每天的故事發展。

既然學生已經順利把餌吞進去了，那就可以漸漸收線了。

因為每天我都必須佔用正課時間來導讀小說，想必時間絕對會不夠用，一旦不夠用的情況發生，那勢必就會犧牲學生期待的小說時間了，有鑑於此，為了能夠兼顧小說與正課，學生就必須自動將所有交代的事項辦好，只要有人賴皮，那第一個被犧牲的絕對就是小說。

於是，一切都變得好商量。

國文課不但不擔心時間不夠用，還因為孩子的狀況好而可以多補充許多課外的觀念，就目前而言，這樣的情形還頗令人滿意，接下來應該可以進入到比較屬於世界名著的範圍了。

許多人都希望教育是一條探索的快樂之路，在孩子的歡笑中也看到下一代的希望，在苦讀教科書之外，若是每天能翻幾頁課外書籍，相信未來的人生會不同。

希望這屆也可以讀完莎士比亞的四大名著。

兩年，改變一位學生

洋蔥頭就是這樣被及時拉住的學生，之後出現在學務處時，他的傻笑取代了原本的撇嘴，跟之前充滿暴戾的態度截然不同。

「阿倫，你印象中洋蔥頭是怎麼樣的一個學生？」明燈生教突然丟了一句話給正在螢幕前打資料的我。

「他應該是我們學務處浪子回頭的代表吧。」這是我最有印象的事。

「他怎麼了？」我覺得明燈

生教應該是有什麼用意的。

「他跟老師槓上了。」明燈生教一臉無奈的說。

「啊？」

頭痛人物

我之所以會說浪子回頭，因為一年級時的洋蔥頭是個不折不扣的炸彈，一顆隨時可能爆發的炸彈。

許多剛升上國中的學生都帶著不友善的眼光，常常因為看不順眼一件事就起糾紛，尤其是在國小就稱霸的孩子，通常會在開學沒多久就想要樹立某種威望。

這些搞不清楚狀況的孩子，總還緬懷在國小是最年長的時光，完全沒察覺自己現在是國中最年幼的地位。

於是，除了放出自己曾經在國小有多厲害的風聲之外，也會開始拉攏許多朋友來壯大自己的勢力，甚至故意抽菸來顯示自己的大尾，緊接著口角與暴力就會出現了。

洋蔥頭的國一生活就是這樣開始的。

同時間，洋蔥頭也開始密集來學務處報到。

長期苦戰

早期訓導處面對學校的頭痛分子，大多是抓過來海扁一頓，但現在的學務處做法跟過往很不同，除了根據校規做出懲處之外，也必須指正孩子的錯誤行為並加以開導，目的是希望創造一個自由且安全的校園環境。

面對學務處教師的勸導與要求，洋蔥頭總是歪嘴斜眼的一臉不屑樣，甚至還會大聲的出言頂撞，總之就是不受教，遇上這種狀況，教師也心裡有數，洋蔥頭應該一句話也沒有聽進去。

要改變一個學生並非是件容易的事，教師要先做好長期苦戰的決心，也常常會因為很多狀況而導致身心俱疲，洋蔥頭就是需要讓人不斷打起精神才有辦法面對的學生。

國二時的洋蔥頭卻突然沉寂下來，他進出學務處的次數也大幅下降，只不過每次來到學務處，他依舊用超不爽的眼神斜睨四周，而我最希望洋蔥頭改善的就是這種痞子樣。

「最近有乖一點喔。」我走向洋蔥頭說道。

「對啦，我有聽生教的話，做個好孩子。」明燈生教對於國一的新生都會苦口婆心的好說歹說，也詳盡的對這些搞不清楚狀況的學生分析所有的利弊得失。

「哪有乖小孩會擺這種臭臉的？」我還是想糾正他這種態度。

「我就長這樣啊。」洋蔥頭一臉傻笑的聳聳肩。

對槓

學校應該是個可以嘗試錯誤，並且從中找到解決之道的地方，學務處扮演的角色是讓學生不至於偏離太遠，其中拿捏尺度就是生教組長最重要的課題了。

洋蔥頭就是這樣被及時拉住的學生，之後出現在學務處時，他的傻笑取代了原本的撇嘴，跟之前充滿暴戾的態度截然不同。

但這次跟教師槓上的洋蔥頭又是一臉的不爽，原因竟然是老師太過關心，聽到這個理由，我實在很想給他從頭巴下去……

「老師關心你有什麼好不開心的？」我也很想有人關心說。

「啊，她太關心了，然後就會一直唸、一直唸、一直唸。」洋蔥頭敘述的樣子讓我想起齊天大聖東遊記的劇情，飾演唐三藏的羅家英也有著異於常人的碎碎唸功力。

「所以你就跟她槓上喔？」

「哪有，我只是很不想理她而已。」

「那幹嘛對我就會傻笑，對老師就擺臭臉啊？」

「我就長這樣啊。」洋蔥頭又是一臉傻笑的聳聳肩。

教育沒有捷徑

學校是為了讓學生成長而存在的，但人格的培養並非一朝一夕便可養成，也不是光靠一個教師就能夠扭轉乾坤，而是需要許多人的共同配合，除了學校許多教師共同努力之外，家庭也是不可或缺的一環，當然整個社會的價值觀也是十分重要的。

洋蔥頭的改變，背後有著許多人的努力。

我花了將近兩年的時間，也只做到讓洋蔥頭不要擺臭臉一件事而已。

教育果然是沒有辦法抄近路的。

用欣賞的眼光看待學生——多才多藝的閒雲野鶴

相處了一年，閒雲野鶴常讓我有許多的驚喜，其中最令人讚嘆的莫過於她特別的思維模式。

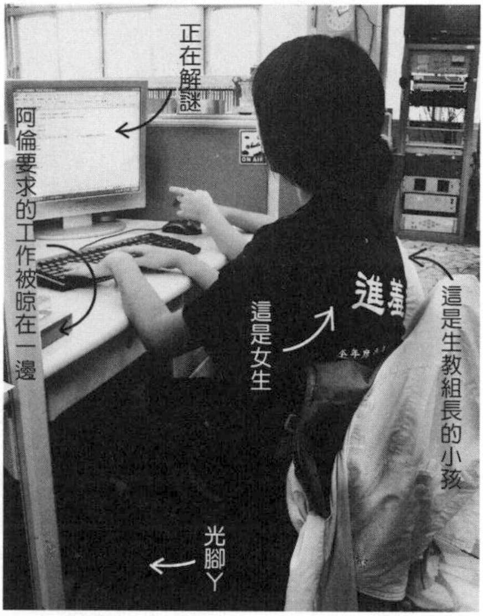
正在解謎
阿倫要求的工作被晾在一邊
這是生教組長的小孩
這是女生
光腳丫

大剌剌小姐

大約一年前，我部落格上出現的一則留言驚動了我，慌忙中也顧不得已是夜半時分，還是把學務主任跟三位輔導老師叫離夢鄉處理，在接連的後續處理過程中，我注意到一位很熱心的學生。

為什麼會特別注意一個陌生的

學生呢？這要從第一次見面時的自我介紹說起，當時她是這樣說的：「叫我閒雲野鶴就行了。」

什麼？我沒聽錯吧。哪有人叫做閒雲野鶴的？而且還一副豪氣十足的語調。雖然個性有點大刺刺的，但表達能力卻十分清晰，而且在跟我對話的同時，還有辦法分身照顧一個很「盧」的弟弟，雖然這個弟弟擺明就在找姐姐的麻煩，但這位大刺刺小姐卻很有耐心的安撫與照料，這點讓我肅然起敬。

看著眼前這位留著短髮，英氣勃發的女孩，感覺上就是相當活潑的陽光女孩，充滿著熱情及歡笑，而在隨興的外表之下，卻又不難發現一顆極為纖細的心，因此，當下我就做了一個決定。

這就是閒雲野鶴成為訓育組工讀生的緣起……

特立獨行

相處了一年，閒雲野鶴常讓我有許多的驚喜，其中最令人讚嘆的莫過於她特別的思維模式。她與生俱來的幽默細胞彷彿充斥著全身，因此常常成為最具親和力及最能搞怪的焦點。

現在學生不是很喜歡動腦，因此也不會有太多的想法，但閒雲野鶴卻有許多獨特的見解，言談中流露出一種行雲流水般的創新感，外在行為也有著動靜結合的呼應。例如每班的教室都裝有吊扇，閒雲野鶴卻用了很優美的文字作了以下的形容：

教室上的吊扇

垂著唯一的青絲
盤旋在上頭　好多年了啊
身上的灰塵　早已沉澱得厚厚的
多少年少輕狂　就跟著朗誦的聲音
輕輕的從它溫柔的羽翼下飄過了
它
是溫柔的獸啊　解脫了人們的煩躁與疲累
與清風為舞　卻不與清風而去　伴隨著我們

贈與我們微涼的幸福
時間一點一滴的過了
多少顆懵懵懂懂的腦袋瓜兒曾在它底下待過
它依舊是送著清風
只是　卻多了份蒼老
它不曾後悔不曾嘆息
也不曾遺憾
於是
它隨著廢棄處理公司而去

這種吊扇的形容很棒吧！但除了有這樣的才華外，有時也會出現讓我很無言的事件，例如：

1人家上下學不是走路、騎腳踏車，就是家長接送，我家工讀生是溜直排輪。

這是我家工讀生的交通工具

2 會光著腳坐在柱子旁邊吹風發呆。

3 自己手繪口罩，然後賣到嚇嚇叫。

4 不管是漫畫、新詩、散文，還是小說，都有超高水準，偏偏喜歡自稱廢物。

5 人緣奇佳、人面超廣，幾乎可以直接出來選里長了。

6 老是喜歡跟我爭奪帥哥的封號。

7 對於什麼事情都很感興趣，然後很努力的沉浸其中。

8 是唯一敢叫訓育組長我立正站好，讓她來個迴旋踢的學生。

9 會走過來拍著我，一副萬事都有大姐可以罩你的意味。

10 種種事蹟「族繁不及備載」，而且有倍增的趨勢。

這就是我家的工讀生。
很特別吧。

用欣賞的眼光看待學生——很棒的春聯

今年貼的春聯很特別，是國一的小女生寫給我的。

我家不是很重視過年這碼子事，最多只是除夕那天全家吃頓飯就交差了事，實在稱不上有什麼過節的氣氛，唯一讓人比較期待的就是換春聯了。

今年貼的春聯很特別，是國一的小女生寫給我的。

早在過年前，這個小女生就蹦蹦跳跳的說要寫春聯送我，順便問看看我希望寫什麼詞句。看著這樣有心的小臉蛋，覺得這樣的小孩子實在很可愛，但還是要來個機會教育。於是，我對小女生說：「很高興你要送我禮物，俗話不是說：『送禮要送到心坎裡』嗎？一個東西要讓收禮者愛不釋手，就必須要深得人心。送禮，絕不只是口頭的『心意』而已，而是要為自己所關心的人用心挑選，春聯其實是符咒的一種，是用來反映自己的身分或期望的，那你想想看，我會喜歡什麼樣的詞句？」

幾天之後，我的辦公桌上出現了一付手寫春聯，打開一看，不愧是高徒啊。

小女生寫的上聯為：「千古文章傳性道」。

嗯，很適合國文教師的行業。

下聯為：「一堂孝友樂天倫」。

這句巧妙的置入了我的名字，又與上聯對得頗為工整，真是不錯。

橫批是：「瑞日芝蘭香宅第」。

哈哈，果然是深得我心，因此，今年家裡的大門掛上了學生的墨寶。

這篇是炫耀文啦。

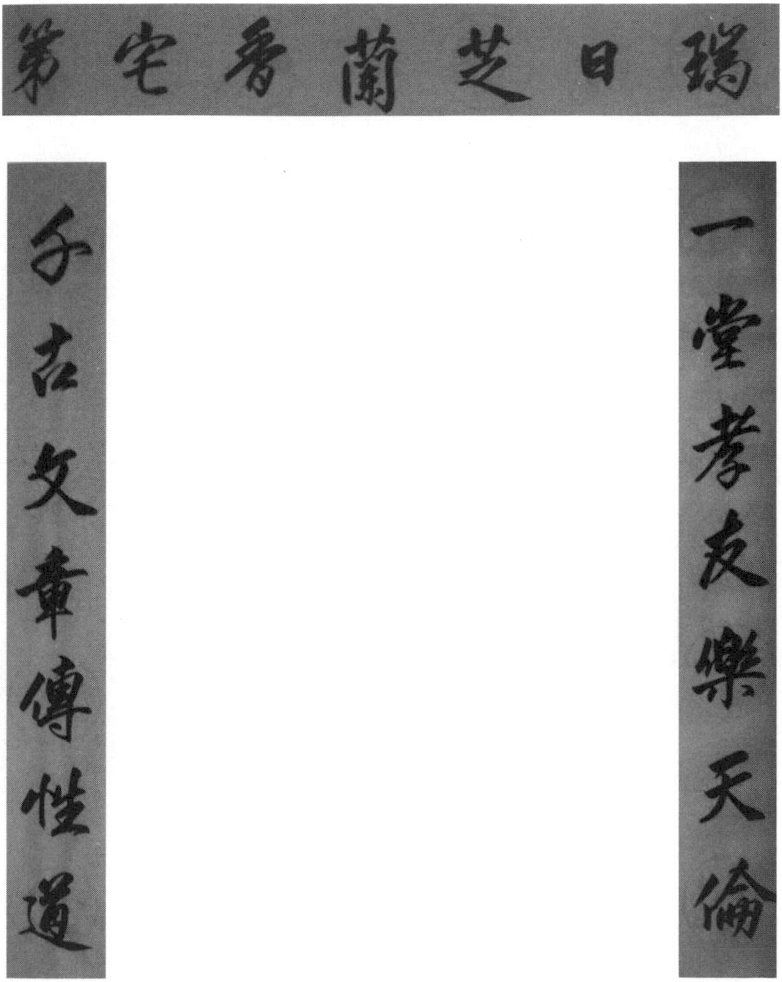
瑞日芝蘭香宅第
一堂孝友樂天倫
千古文章傳性道

Chapter 2

孩子的教育，需要父母與老師一起努力

如何讓孩子信任你？

成年人必須捫心自問一下：「究竟我花了多久的時間與孩子溝通？」一天？兩天？一個星期？一個月？還是一年？

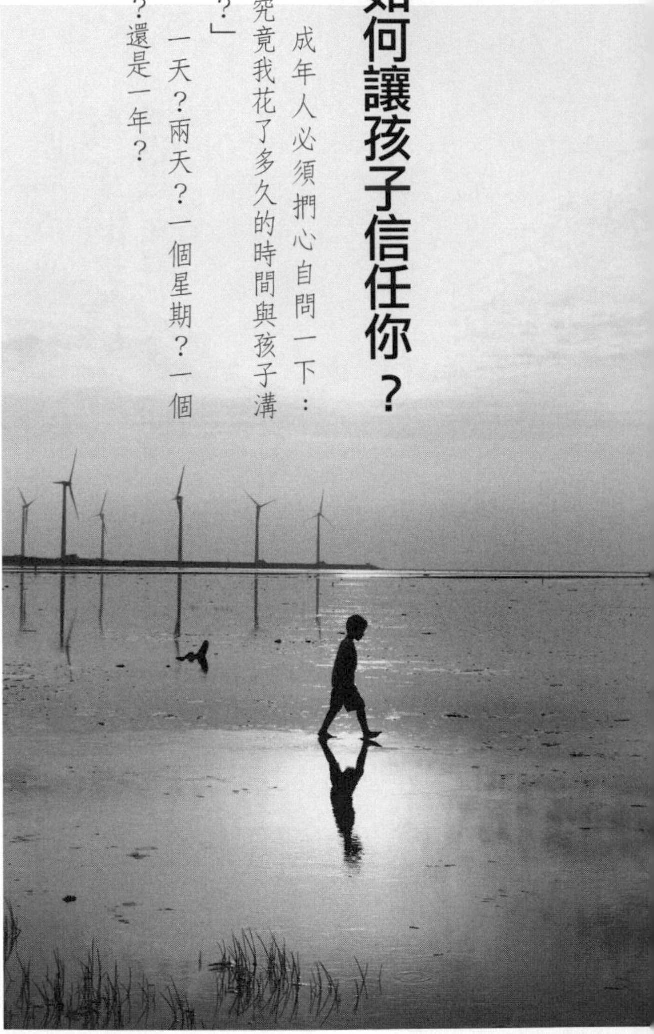

我曾經分享一些學生的狀況，著實讓許多人大吃一驚，也開始懷疑：這樣的孩子有機會改變嗎？

有的，當然有機會，但是需要學校與家庭共同合作，而且缺一不可。

一個學生在學校的時間長達九小時，因此許多家長會認為學校當然要負起教育的責任，但如果用簡單的二分法來劃分，是不是剩下的十五個鐘頭該由家長負責？

其實不論是學校或是家庭，目前最常遇到的狀況就是：不知道該如何跟孩子溝通，甚至是孩子不願意溝通。

這時候成年人必須捫心自問一下：「究竟我花了多久的時間與孩子溝通？」一天？兩天？一個星期？一個月？還是一年？

如果一次就可以進入孩子的內心世界，那無非是上天保佑加上奇蹟出現，依照我的經驗，平均大約要一年以上才有辦法，甚至可能國中三年畢業，學生都不見得願意透露絲毫的內在感受。

舉個例子，阿嬌是我班上不願意打開心防的小女生，偏偏她每天又都將困擾寫在臉上，這讓身為教師的我很難不替她擔心，但無論運用多少技巧，我得到的答案永遠都是：「沒事。」

怎麼可能會沒事？在無法觸碰阿嬌內心世界的困境下，我用了一個很沒效率的方式——我每天至少找一節下課，跟她在走廊上發呆。

發呆的意思就是什麼事也沒做，什麼話也沒說，我們這樣靜靜的望著遠方，望啊望，從夏天望到冬天，從短袖望到長袖，再從冬天望到夏天，長袖也再度換回短袖，就在第二度穿上外套的同時，阿嬌也脫下了內心的武裝。

我在一年半的發呆之後，終於換來了阿嬌的信任。

究竟是因為阿嬌被我感動，還是嫌我煩，只好溝通，到現在也說不出一個準，但至少這樣的行為是可能出現轉機的。

是溝通，還是訓話？

許多人都會希望成為孩子的朋友，然後敞開心防的打成一片。但我心中卻很清楚一件事：我沒有辦法成為學生的朋友，畢竟我的身分是教師。我可以放下身段與學生討論事情，也可以跟學生玩在一起，但是放學後我會去找自己的朋友，而不是學生。

既然自己知道身分有別，學生當然也能感受到教師、家長與朋友間的差異，在溝通時，學生自然也會以他們的眼光打量成年人，而對於孩子來說，他們認為成年人對他們的溝通方式，根本不算是溝通，反而比較接近責備或訓話。

我很愛講道理，但學生很少認為自己在被責罵，原因在於：我實在很不像教師。既然不像教師，自然少了威權感，在溝通上便能順利許多，但這不代表學生可以肆無忌憚的爬到我頭上，畢竟我是長輩，該有的尊重還是必須遵守的。

但成年人很難放下權威來捍衛尊嚴，他們最常用的開場白就是：「告訴我，你在想什麼？」

「……」

然後接下來不是：「你該怎麼怎麼」，就是「你這樣就如何如何」。只要一出現這類的言詞，孩子馬上會認為自己在被唸，就如同唐三藏的緊箍咒一般，只會讓人頭痛，卻無法使人改過。

成年人會碎碎唸不停的理由通常是孩子不聽話，但夫妻間都可能會因為彼此價值觀不同而產生爭執，更何況是未成熟的孩子？每個成年人在年輕時，或多或少都曾抱怨過自己不被了解，以及不受尊重，但為何成年人似乎都忘了呢？

這是因為成年人的標準和孩子不相同，成年人往往用現在的價值觀去衡量孩子的行為，他們很少用自己十幾二十年前的標準做評斷，所以最常出現的情形就是成年人會說：「你要用功一點。」但讀書已經讀到很煩的孩子就會不高興：「我已經很拚命的唸書了，幹嘛還要嫌我不用功。」

成年人若是願意回想自己的求學階段，誰不曾偷懶、不想唸書過？既然如此，成年人就應該給孩子同樣的空間，並試著從自己過往的經驗解讀孩子的心思，讓孩子明瞭他是被了解的，這份相知不但能拉近彼此的距離，久了，師長與父母自然也能得到孩子的信任，孩子當然也能回過頭解讀師長與父母的心思，那麼，彼此的溝通障礙自然迎刃而解。

溝通首重傾聽

在與孩子溝通的過程中，我發現時間點很重要，如果你在適當的時機問學生：「你怎麼了？」學生很容易將心事一股腦兒的全部發洩，而在學生滔滔不絕的同時，我往往很少發表意見，大多數的時間都只是默默的傾聽。

傾聽是一件需要時間與耐心的事情，要成年人完全不在中途插嘴其實是頗有難度的，畢竟每個人都是很自我中心的。表面上成年人都是為了孩子著想，但其實卻常常執著在自己的觀點和價值判斷上。

傾聽時的回應也格外需要注意，當孩子願意開始講一些事情時，他們很多時候都帶有一種試探的意味，因此，成年人一個表情、一個聲調，甚至是用字遣詞稍有不對，孩子就會耿耿於懷，當一點一滴累積之後，孩子最後可能就將自己完全封閉起來了。

不過，我覺得最重要的是，成年人只要真正「用心」，孩子並不是完全不願意溝通的。

就如同在電影《食神》中，史提芬周與唐牛間的爭執：

史提芬周：我不懂溝通？

唐牛：身為一個成年人，你連溝通的最基本技巧都沒有。喝！（身上衣服爆飛）

史提芬周：……（當場愣住）

唐牛：讓我唐牛來讓你見識見識，怎樣跟孩子做一場良性的互動。

史提芬周：……

唐牛：跟孩子互動都要心思，一字記之曰「心」。

嗯，好個一字記之曰「心」。

每個孩子都渴望被理解

每一個靈魂都渴望被理解，深刻地被理解，但我這麼一個特殊班級的學生，卻在放牛班學生中得到理解。

這群學生不在乎你來自什麼班級，他們在乎的是你這個人。

進入明星國中

國中階段是孩子身心成長與自我發展的關鍵期，也是一生中學習的黃金階段。但伴隨成長而來的卻是課業急劇加重，人際關係顯得複雜，學校生活也更多樣化，許多問題漸漸浮上檯面。對於我而言，國中生涯更是不折不扣的轉捩點。

《王牌天神2》中有句經典台詞：「If somebody is a patient and the other one is patient also. He gives to the other one the opportunity of being but patient.

（如果有人祈求勇氣，上帝是會給他勇氣？還是給他學習勇氣的機會？如果有人祈求耐心，上帝是給他耐心？還是給他機會學習耐心？）」或許就是因為這個原因，我在高雄市某明星國中的特殊班級中度過了三年的時間。

明星學校的特殊班級究竟有多特殊？我常戲稱我們的國中同學會根本就是在開「醫師同業公會」，從這樣的形容大概就可以略知一二了。

一開始，我的國中生活是很快樂的，但好日子只維持到第一次考試就結束了，之後就是天堂和地獄的分水嶺，因為班上唯一的及格分數彷彿就只是滿分而已，這對於上課不專心，考試也不是很認真的我來說，沒有墊底搶爐主的位置，應該已經要偷笑了，但是永遠擔任左右護法名次的我，也著實笑不出來，只能很阿Q的安慰自己：「本班的最後一名可能是其他班級的第一名。」

雖然我在班上的名次實在不是很光彩，但出了教室，卻又籠罩著特殊班級的光環，總是有其他班級的同學高度好奇的指指點點，開口的第一句話也總是：「你們特殊班……」不知道該如何與其他班級同學互動的我，只好戴著一張冷漠的假面來客套，於是，從來就沒人在乎，也沒人發現，我在冷漠的面具背後，其實藏著一顆怯懦、不安又稚氣的心。

連身高都自卑

當時所有的評判都是以分數為依據。

我或許比一般的同學稍微聰明一些，但把我放進特殊班，我就只能當草包一

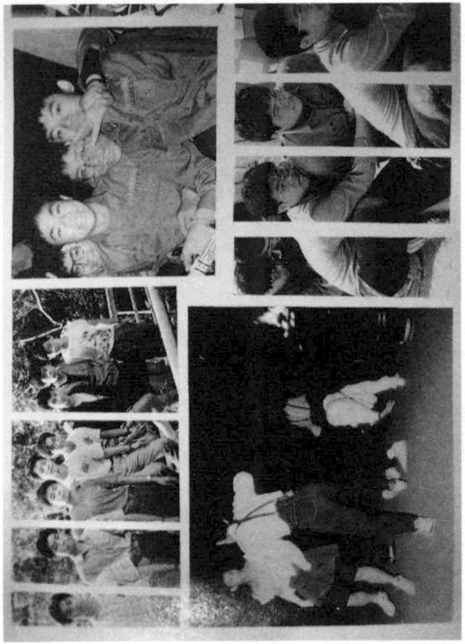

枚，於是，我開始羨慕普通班級可以犯錯、可以裝呆、可以耍笨，我也總是興匆匆的在下課時間找隔壁班同學玩。

不過，這樣的舉動卻換來一張張漠然的臉，讓人完全從腳底冷上心頭。

當時，我不懂自己為什麼會被排斥，也很納悶為何我總是得到冷言冷語，難道我的樣子看起來有問題？還是我的言行舉止欠妥當？最後，這個疑問漸漸有了答案，那完全只是特殊班級的原罪……

其實，我當時很沒自信，除了課業找不到成就感，我還要面對特殊班級在各項比賽都要拿下冠軍的壓力，甚至連我的身高都是自卑的來源，試想一個國二的學生，在努力踮腳後只得到一百四十四公分的灌水高度，能做的事情就只剩下在陰暗的角落不斷畫圈圈而已。

每一個靈魂都渴望被理解，深刻地被理解，但我這麼一個特殊班級的學生，卻在放牛班學生中得到理解。

這群學生不在乎你來自什麼班級，他們在乎的是你這個人。這樣的方式頗讓人自在，因為我不用再背負著分數的重擔，反而可以選擇自己想要的人生，連帶的也保有自我。

於是，為了能夠順利打入放牛班的群體之中，任何壞事只要一吆喝，我就義無反顧的參與，不帶有一絲的羞愧，甚至有種納投名狀的豪氣。

為了展現男子氣概，我抽菸、喝酒、罵髒話是如此順理成章，打架、作弊、蹺課也是家常便飯，這樣的行為，換來被老師一拳打飛至牆壁上，我也了解原來挨揍眼眶會黑一圈是真的，不只是漫畫。

如此狂飆的青春期，我做了許多讓人搖頭的事。沒有人期望這樣的事發生，只是，在尋找自我的年紀，我的心裡有太多不為人知，甚至連自己都不了解的衝擊和困惑，而我很多的想法並非是惡劣，往往只是因為好玩就跟著做了。

這樣的情形，讓在學校擔任教師的母親煩憂不已。感覺上我是在媽媽心裡插了好幾把刀才讀完國中的。

現代版F4的一員

但混亂的青春期卻突然有了轉變，原因是我在特殊班級中找到了依賴。

在特殊班裡有一個受到全校注目的小團體，他們不但功課好，長相也是極品，行經之處簡直跟《流星花園》中的F4沒有多大差別。也不知道什麼機緣，就像灰姑娘收到王子的邀請函一般，我竟然成為這個團體的一分子。

漸漸的，我許多莫名其妙的壞毛病徹底消失，取而代之的是截然不同的人生態度。我也學習到，原來人人稱羨總是拿冠軍的特殊班，背後付出的努力往往是被人忽略的。

以功課而言，原來當大家只做一本參考書，他們至少都是啃完五本以上，而且當大部分國中生都在遊玩，他們卻在放學後自動到導師家自修到晚上十二點，回到家後，還再拚兩個鐘頭的夜車。

除了課業，他們只要面臨任何挑戰，也是抱持同樣的決心與毅力，所以他們可以為了一場沒有名次的晚會，瘋狂且徹底的研究國外舞者的每個細部動作，從服裝到道具都力求專業，並且花了很久的時間苦練，讓全校都陷入瘋狂的狀態，但卻又表現出一副理所當然的態度。

在這個班裡，他們可以在一個早自修就考完三張測驗卷；在這個班裡，他們可以拿到各種比賽的冠軍；但在這個班裡，也有很多的不可以……特殊班是一個看似榮譽超卓的頭銜，許多人往往只注意到這群學生的獨領風騷，彷彿擁有眾多旁人夢寐以求的機遇，可是，在這些亮麗的光環背後，卻是滿滿的付出與努力。

雖然一直到畢業，我的成績都未曾脫離左右護法的位置，甚至目前可能也是在職業排行榜裡敬陪末座，但這三年的國中生涯，卻仍對我有著巨大的影響。

那讓我在面對行為偏差的學生時，能夠毫無距離的切入核心；而面對資優的學生，也能關心他們在課業之外的活動；甚至在還沒做任何嘗試之前，不輕言放棄任何一位學生。

國中階段果然是身心成長與自我發展的關鍵期，也是一生中學習的黃金階段啊。

父母可以疼孩子，但別寵孩子

現在許多行為偏差的孩子，家庭經濟卻都相當不錯，只是父母忙於工作而疏於陪伴孩子，在孩子最需要父母親關懷的時候，他們卻是缺席的……

老太爺？

當我正在記錄運動會發生的一切時，突然看見一位學生半臥在摺疊椅上，右手邊有個水壺，嘴裡含著一根棒棒糖，正在聚精會神的玩著電動玩具，似乎操場上的一切同他毫無關係。

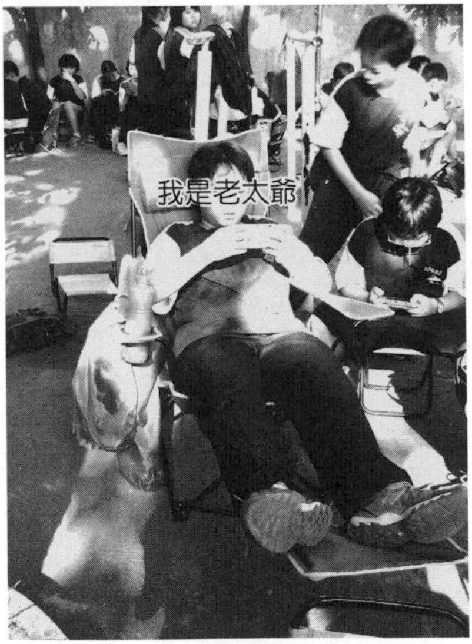

如此的從容，如閒魚戲水一樣自在……

或許他的日子生來就這麼篤定、閒適。

吃一口糖，品一杯茶，瞇半會兒眼，十三個春夏秋冬就那麼打發了，散逸得有幾分平平淡淡……

我突然一陣不悅湧上心頭，當一堆同學在烈日下拚命為班上爭取成績時，他竟然可以一副事不關己的態度，大剌剌的像個老太爺在那享福，導師難道看了不會覺得難過嗎？

突然很想知道，他父母親是怎麼樣教孩子的？

孩子最需要父母陪伴

孩子的生活習慣，其實跟大人的價值觀有相當大的關係。現在人什麼都有，就是沒有時間，許多父母親投入許多心力在事業上，導致有錢無閒的父母越來越多，給孩子的時間也就越來越少，而他們大多數都會選擇用金錢或是物質來補償孩子。

沒時間照顧孩子，可以請外勞，沒時間陪孩子唸書，可以選擇最貴的補習班，如果要加強課業，也可以請最好的家教到家裡來上課，怕孩子無聊，所以架設配備齊全的電腦及網路，怕孩子沒事做，所以買了永遠沒看完的故事書。

許多父母以為給孩子全世界了，孩子應該沒有話說了吧。其實，孩子失去父母陪伴成長的機會，雖然他們擁有物質的全世界，卻失去人格心靈的世界。

孩子在成長發育的階段，最需要的就是父母的陪伴，以往認為有問題的學生都來自單親家庭，但現在許多行為偏差的孩子，家庭經濟卻都相當不錯，只是父母忙於工作而疏於陪伴孩子，在孩子最需要父母親關懷的時候，他們卻是缺席的，因此，只好跟著同儕，跟著關心他們的人一起混日子，然後等到有一天事情嚴重了，父母才發現已經無法跟子女溝通，這時往往就後悔莫及了。

親愛的家長，你可以疼愛孩子，但請千萬不要把孩子寵壞了。

當孩子崇拜偶像

崇拜偶像和成績退步、影響班級秩序並不能畫上絕對的等號。站在師長的立場，我們必須了解這個事實，才能對引發的問題對症下藥。

這一切都要怪一個人！

我的辨識度是很高的。

通常只要見過一次面，甚至雖然只是看過相片而已，我往往就會被認出來。

這應該跟我留長髮有關吧。

雖然目前的社會已經很開放，但觀念上普遍還是認為男孩子應該短髮，留著長髮的男生還是屬於非常少數，因此，我最常被問到的問題是：「身為教師，留著長髮不會有問題嗎？」

問題？會有什麼問題？了不起有女生跟著我的背影走進男廁，或是有男生看見我，以為我會走進女廁之外，會有什麼問題？

當得知不會有什麼問題時，往往就會接著問：「你為什麼要留長髮？」

我為什麼要留長髮？

1 我是個禿頭，所以那其實是頂假髮。

2 我家境清寒，所以沒有錢可以理髮。

3 為了響應節能減碳，留頭髮救地球。

4 因為偶像崇拜，所以學人家留長髮。

5 身體髮膚受之父母，所以不剪頭髮。

答案是**4**，因為偶像崇拜，所以學人家留長髮。

這一切都要怪一個人！

那就是……強尼．戴普（Johnny Depp）。

民國七十八年的時候，每週日下午都有《龍虎少年隊》（21 Jump Street）的影集，這是描寫一群年輕的警官進入校園臥底，偵查美國青少年關於吸毒、酗酒、槍械等案件，這部影集讓強尼．戴普成為全美青少年偶像，也成為我的偶像。

國中時期的我對於強尼．戴普有種莫名其妙的迷戀，於是暗自下定決心：我要留長髮、穿耳洞。

當時我甚至會逼迫周遭的朋友要叫我：強尼．戴倫。

現在回想起來，真的要慎選偶像啊。

誰沒有青春年少過？

國中生多多少少都會經歷偶像崇拜的時期，而身為師長，面對青少年的偶像崇拜問題，到底應不應該介入？其實這個問題應該回到孩子本身。

任何事情都有正、反兩面，偶像崇拜也各有優、缺點，許多青少年常會把偶像設定為奮鬥目標，促使他們朝理想邁進。

但除了正向崇拜外，青少年模仿偶像，當然也有可能學到不良的地方，甚至把一些錯誤觀念當成是真理。

因此，偶像崇拜的優劣端賴崇拜者的心態來判斷，而且，崇拜偶像和成績退步、影響班級秩序並不能畫上絕對的等號。站在師長的立場，我們必須了解這個事實，才能對引發的問題對症下藥。

既然認清不是所有的偶像崇拜者都會對班級造成不良影響，師長在面對這些滿腔熱情的追星族學生，要做的不是一味地反對與阻止；反之，應先試著去了解並尊重學生自我認同的需求，在和善的氣氛下利用潛移默化的誘導，適時給予正確的觀念與多元思考刺激，並讓學生了解價值澄清，學會客觀分析事情的優劣，如此一來，才有助學生跳脫瘋狂崇拜，從偶像身上獲得正面啓發與影響。

崇拜偶像並非青少年的專利，只是在成長的過程中，青少年會漸漸學習到理智這件事，也會慢慢從崇拜偶像轉變為榜樣學習。

師長關心青少年或許並不應單純以高標準批判他們的行為，而是接納與輔導並重。只要想想，哪個人沒有青春年少過，這件事處理起來就輕鬆多了。

＝＝＝＝＝＝＝＝＝＝＝＝＝＝＝這是令人擔心的分隔線＝＝＝＝＝＝＝＝＝＝＝＝＝＝＝

我留長髮一直沒遇到什麼問題，但當孩子出生後，我才想到：以後小阿倫要畫爸爸模樣時，小阿倫的老師會不會以為是畫成媽媽而錯亂呢？

孩子的暴戾之氣？

學務主任接獲通知慌忙過來處理，看著腳踏車，主任問我：「為什麼是你把腳踏車扛回來？而不是肇事的學生扛？」

「對喔，為什麼會是我扛？」

@＃$%&＊＃！

超有用的新招

本來上下學時間的交通管制是由導護義工媽媽代勞，可是一堆小孩偏偏就喜歡欺負導護媽媽，認為她們沒資格管，於是校方決定派教

師站崗，這個星期剛好輪到我，但我一到巷口，差點傻眼，這群小孩完全不管交通規則，有人並行，把馬路佔據，有人在馬路上蛇行，有人騎在對向車道，甚至還有人在表演單車特技……

我便拿出哨子：「嗶嗶嗶，騎車要靠右邊，不要單車雙載，不要蛇行，不要……」說實在的，學生雖然會賣面子，但還是會投以白眼，他們心裡的OS應該是覺得這個老師很機車吧。

為了不想當一個機車老師，所以乾脆改變策略，遇到違規的學生，我直接對他喊：「不許動！警察臨檢，行照和駕照拿出來。」

被我攔下來的學生很納悶：「我又沒有行照和駕照。」

「沒有行照和駕照也應該知道騎車要靠右邊吧。」

「喔，我知道了，下次會靠右邊。」哈，這招不錯。

這招的效果出奇的好，結果反而一堆學生圍在路口處，只要我一吹哨子，他們就異口同聲的對違規學生大喊：「不許動！警察臨檢……」

有點寒心

放學，照慣例又在嗶嗶時，突然發現前方聚集了一大群的學生，直覺上應該是一起交通事故，於是慌忙趕去。圍觀的學生看見我來了，就像紅海遇見摩西般自動讓出一條路，這時我看見一輛扭曲變形的腳踏車，初步詢問的結果，這應該是一起報復事件，於是請相關人等跟隨我至學務處。

「阿倫老師，腳踏車沒辦法牽。」由於後輪變形，因此根本無法移動，還好平日有健身的習慣，於是我就把車扛在肩上一路走回學務處。

學務主任接獲通知慌忙過來處理，看著腳踏車，主任問我：「為什麼是你把腳踏車扛回來？而不是肇事的學生扛？」

「對喔，為什麼會是我扛？」@#$%&*#！

在生教組長與學務主任的詢問之下得知：月考完後，A同學和B同學相約一起去吃飯，C同學必須要回家吃不能跟，於是騙A同學腳踏車被人鎖起來了，A在焦急時卻發現上了C的當，於是夥同B找C的腳踏車出氣，偏偏C剛好跟D同學交換騎腳踏車，於是要破壞C腳踏車的A跟B只好去撞D，總之就是有人的腳踏車被撞爛了。

聽到他們的說明，我感到有點寒心。為了這一點小事，有必要如此兇殘嗎？現在小孩的暴戾之氣怎麼這麼重？難怪飆車族砍人從來也不手軟。

學校的處理方式是，請家長出面協調，車子的修理費則由肇事的學生負擔，其餘的，由於都是同一班，於是請導師代為處理……

如果可以的話，我比較希望能拆下受害學生的腳踏車輪胎跟肇事者的交換……

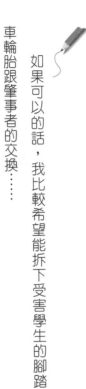

真正的教育是不放棄學生

若是遇到麻煩的學生就選擇放棄，事情或許簡單許多，但教學的困境就會一直存在著，轉念去勇敢接納與面對，或許才是真正的教育。

學務處裡坐著一位吊兒郎當的學生，旁邊是怒氣沖沖的父親與淚眼婆娑的母親……

「嗚嗚嗚，我家小龐龐這麼乖，怎麼可能會做出這種事情呢？」完全不相信自己家小寶貝會做錯事的母親一面哭一面摸著孩子的頭。

「哩幾勒下西下種，害拎杯見笑尬妹係。」通常在學務處的父親脾氣都不是太好，沒有反手就給孩子一巴掌算是給面子了。

「你兇什麼，你憑什麼管我？」學生火氣不小的回話。

這並不是八點檔的戲碼，而是真實在學務處常常出現的狀況，而且還常一再的

反覆重播，只是主要角色換人做做看。

有時候戲碼不變，但場景必須搬到派出所去……

學務處同仁進出派出所已經算是例行公事了，甚至派出所的員警會笑著對我說：「阿倫老師自己泡一下茶吧，很抱歉我們就不招呼您了。」

如果再嚴重一點，就會來到了少年隊……

學生的犯罪率節節攀升，而教師輔導管教的限制也越來越多，但當學生來到學務處、輔導室等行政單位後，不良行為就可能有所改善嗎？

套句我常常自我解嘲的話：「反正學務處沒辦法，輔導室沒功能，兩個通通裁撤算了。」

當然這是很不負責任的說法，玩笑話歸玩笑話，但也透露出一個訊息：若是家庭功能喪失、學校輔導功能有限時，面對學生的種種脫序行為，到底應不應該移送法辦？

站在教育的立場，若是犯規即移送，那學校有存在的意義嗎？若是遇到麻煩的學生就選擇放棄，事情或許簡單許多，但教學的困境就會一直存在著，轉念去勇敢接納與面對，或許才是真正的教育。

另一方面，現今學生有時確實難以管教，而教師動不動就出事見報，當那些虞犯行為已經不是教師可以有效輔導、管教時，公權力的介入反而可能是種契機，過多的仁慈有時反而會造成無法收拾的問題。

不同的角度有著不同的思維，不同的狀況更有著不同的處理方式，究竟哪種方式比較好，目前也沒人敢妄加評斷。但是，在家庭中犯了錯，面對的是責罵或包容；在學校裡犯了錯，面對的是記過與輔導；在社會上犯了錯，面對的卻是賠償和刑期。

而人是總有一天會出社會的。

被父母溺愛的孩子

父母把孩子擺在第一位是天經地義的，但並非是無限制的給予滿足，如果孩子的要求是不合理的，就應該要給予價值澄清。

翹翹香腸嘴

自從出了一本《愛・上課》之後，我最常被問到的一個問題是：「有沒有你救不起來的學生？」

當然有啊，如果我對每個學生都有辦法的話，那早就有人幫忙蓋廟來供奉了。

教育常常會出現奇蹟，但也不是必然會出

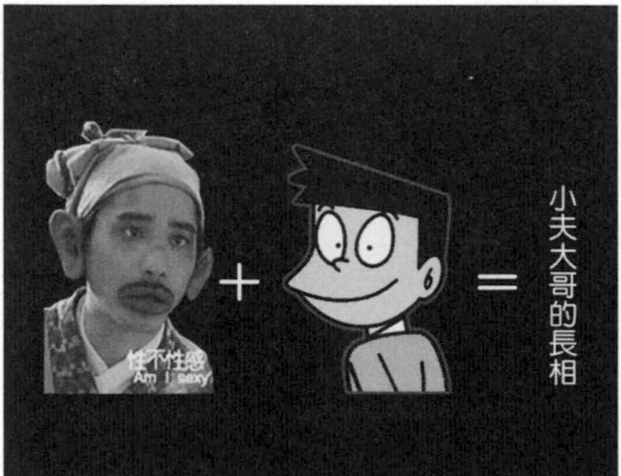

現的，其中就有一位是動員了導師、學務處、輔導處，甚至是少年隊及法院也無法管教的學生，這位學生名叫小夫大哥。

小夫大哥有著非常厚的翹嘴唇，一眼看上去實在很有喜感，感覺就像哆啦A夢中的小夫，只不過多了兩根香腸在嘴上。而小夫後面之所以會有大哥兩個字，其實跟黑道大哥沒有關係，而是我每次看到小夫都會忍不住說：「大哥啊，哩嘛幫幫忙，可以不要再……」

而他，今年十四歲。

第一次相遇

第一次見到小夫大哥，是在學校附近的派出所裡。

那天，我加班到晚上八點，好不容易工作到一段落準備享用晚餐時，學務主任打了通電話來：「阿倫你還在學校嗎？派出所打電話過來，你可不可以過去一趟了解情形？」

我一進派出所就看到警察大人不太耐煩的詢問一位學生，學生身旁的母親兩眼直愣愣的不發一語，警察大人泡了一杯茶給我後就拜託：「組長啊，幫忙問一下啦，你們家的小朋友態度很惡劣呢，偷別人的車子還打人，要他做筆錄也不配合……」

我認識這個學生，由於國小就有案底，或許是心想如果能逃跑就沒事，因此這次被抓才會有如此反應。而這名學生一看到我，便老老實實開始交代事情發生的經過，一旁的母親越聽臉色越難看，就在這個時候，另一位警察大人帶著一位學生進入了警局，這名就是小夫大哥。

小夫大哥被安置在派出所另一個區塊，我抬頭就可以看見，小夫大哥的翹翹香腸嘴最令人印象深刻。當時，我沒有說多少話，只是一個勁地在喝茶，因為肚子實在餓到不停抗議。

當我這邊處理得差不多後，小夫大哥的家長與被害者家屬也趕到了警局，於是我又被請過去幫忙處理，大致了解的狀況是：小夫大哥跟一群人因故毆打被害者後覺得不過癮，因此又帶了棍棒前往被害人家門口叫囂，被巡邏的員警帶回派出所。

正當整件事情的經過開始明朗時，小夫大哥的家長卻突然指著被害者狂罵：「#$%%$&……你一定是做了什麼壞事，不然我家小孩這樣乖，怎麼可能會去打你？」

一旁的阿嬤也忍不住指著對方家長：「你是怎麼教孩子的？竟然教到被我孫子打。」

哪有打人還這麼囂張，正當我準備開口時，警察大人不高興了：「請你也放尊重一點，好歹這裡也是警局，你家小孩把人家打成這樣，我倒要問問你是怎麼教小孩的？」

難怪我對小夫大哥的第一次印象實在很難好得起來。

無法管教

有時候第一眼印象是很準的。我實在很難喜歡這個小孩，一個國中生拜國小的學生為大哥就算了，整天還穿著拖鞋，叼著菸，渾身髒透的在學校與老師玩躲貓貓。

小夫大哥每天必定會來學校報到，但是從不進教室，平均一個星期必定要扁一個人才甘願，與家長聯繫的結果必然是被對方惡狠狠的掛電話，這樣的一個小孩著實讓學校傷透腦筋，但更令人傷腦筋的還是他的家長，因為他們永遠秉持著：千錯萬錯都是別人的錯，我家孩子可是品學兼優又乖巧的好孩子。

但如果這樣叫做好孩子，那滿街都不會有壞孩子出現了。

現代許多孩子都是父母捧在手心上的寶貝。父母除了不論什麼都給孩子最好的之外，對於孩子的要求也是百依百順，最後反而養成孩子「唯我獨尊」的個性。其實，疼愛孩子並不表示要對孩子的要求完全接收，尤其過度的溺愛，反而對孩子的人格發展會有不良的影響。

每個溺愛孩子的父母，相信都不會承認自己對孩子過度溺愛，總覺得自己的方式沒有問題，但溺愛卻是不經意就會發生，像小夫大哥的家長最常做的就是幫孩子找藉口，或是為他找台階下。

當小夫大哥與別人有爭執時，他的家人都認為不是孩子的錯，也從不讓他學習正確的生活方式並適時的反省，久而久之，孩子便習慣以大人替他找的藉口來搪塞不當的行為，儼然以「小霸王」自居，接著就是父母不斷的讓步與有求必應。

父母把孩子擺在第一位是天經地義的，但並非是無限制的給予滿足，如果孩子的要求是不合理的，就應該要給予價值澄清，不是孩子說要抽菸就答應，也並非孩子不願上學就放任他，更不應該讓一個只有十四歲的孩子在深夜裡遊蕩。

一旦父母無法堅定自己的立場而妥協，不但會使孩子缺乏紀律的訓練，也容易使孩子的「自我主義」更加強烈。

在這樣教育下的小夫大哥凡事都只考慮到自己。他根本不懂得應該尊重他人，只要和對方有意見相左的情況，便容易以暴力解決問題。

令人遺憾

一天，小夫大哥的父親打電話到學校要求幫忙，他說：「我不敢管他，我兒子會扁我。」然後阿嬤也到學校哭訴：「孫子都講不聽。」接著，法院通知小夫大哥必須出庭。媽媽後來打電話哭訴：「你們學校是在做什麼，怎麼會害我兒子必須出庭？」

但到底是誰讓事情變成這樣的？

p.s.1當初在派出所的另一名學生，也必須要出庭。

p.s.2在此替小夫大哥的導師深深表示同情。

p.s.3小夫大哥目前正在服刑中……

如何改變近乎文盲的孩子？

若要改善學生近乎文盲的狀況，除了讓學生藉由對文字的「認識」與「使用」真正發揮知識即力量的功能，最重要的還是從本身自我覺醒及改變下手。

愚人節時看到一則新聞，節錄如下：

國中畢小毛賊　近乎文盲警頭大

中國時報：2008／04／01　04：33　蔡偉祺／北縣報導

新莊某國中黃姓畢業生，日前因偷竊手機失風被捕，警方偵訊時意外發現，竊嫌的讀、寫都不靈光，國文程度幾近文盲；更令承辦警員驚訝的是，該名學生竟連自己的名字都寫不出來，還是警察先將少年名字寫在旁邊，請他「照著畫」才過關。

日前國科會一項研究團隊曾指出，有一所偏遠地區國中校長告訴他們，收了五名新生，竟有三人的識字程度接近文盲。沒想到人口密集的台北縣都會區也發生類似情況……

這名新聞記者未免太大驚小怪，只要肯花時間到各校的學務處走上一遭，肯定能夠發現近乎文盲的學生大有人在。

文盲的定義是「不識字」，這當然是相對於「識字」而言，根據聯合國教科文組織國際教育統計標準界定：「個人具有閱讀與書寫日常生活簡單訊息的能力」。這樣的要求看起來是非常簡單的，難怪絕大多數的教育主管單位都認為不太可能有國中畢業還不識字，但身處在教育崗位上必須坦承這個問題是存在的，撇開是否因為國語文時數被刪減的原因外，最主要的原因還是出於學生本身。

近乎文盲最常出現在中輟生身上，其次是對學習索然無味的學生，這類學生通常小學就未打好基礎，國中不是睡覺，就是猜題，只要品德不要太差，課業上的要求也就不太計較，只不過將來徒增加社會成本而已。

還有學習弱勢的孩子，家長本身資訊來源就不足，平時交談溝通又不是使用本國語言，自然認識的字也就少得可憐。

若要改善此一情形，除了讓學生藉由對文字的「認識」與「使用」真正發揮知識即力量的功能，最重要的還是從本身自我覺醒及改變下手，偏偏這些孩子通常都是「拒絕學習者」，在幾乎不到校又找不到人的情況下，要脫離文盲根本就不可能。

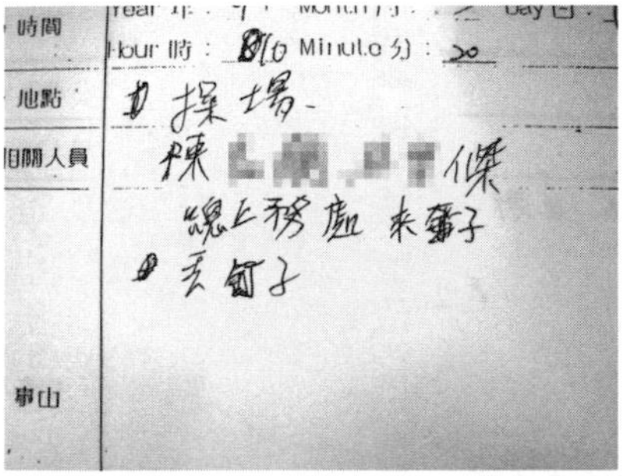

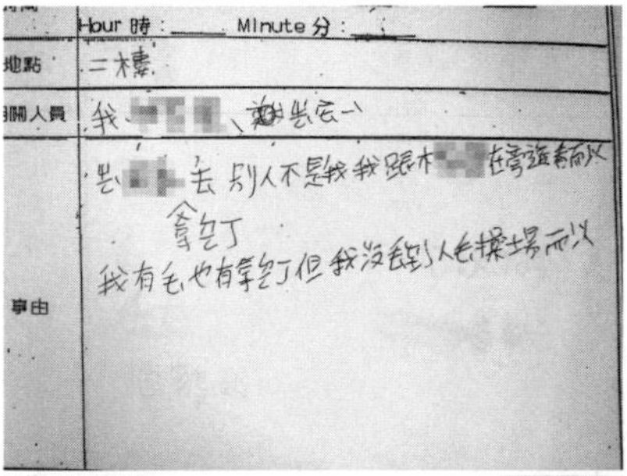

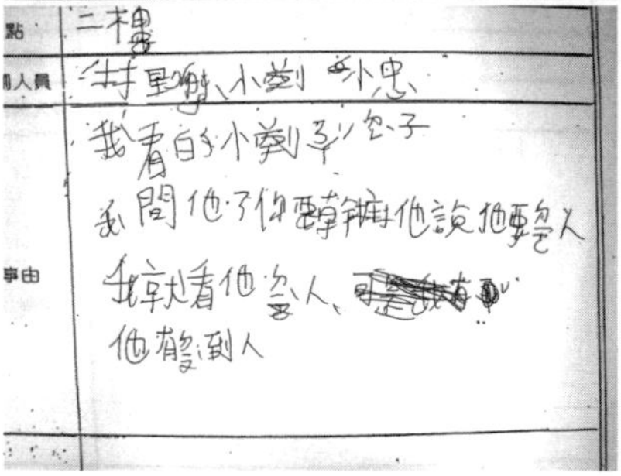

p.s. 以上三篇悔過書乃是出自於三位一心想進監獄後出來變大哥的學生之手。

反正抱持著要進監獄洗禮一番的心態，那讀不讀書就沒多大重要了。

第一次，我深深感受到什麼叫做・冥・頑・不・靈・
但我們還是不肯放棄，也不願放棄。

別漠視或溺愛孩子

許多教育工作者發現，現在許多父母在孩子的生活和品格教育上棄守。

思考問題

在切入主題之前，請各位看著下一頁的照片，這不是一張莫名其妙的原子筆塗鴉，而是貨真價實的刺青，就出現在國中生手上。

問題一：若你是這位學生的家長，你有什麼感想？

問題二：若是學校通知你，孩子將同學打傷，你會怎麼回答？

問題三：若是學校通知你，孩子從四樓將盆栽往樓下扔，差一點就砸到其他學生，你會怎麼回答？

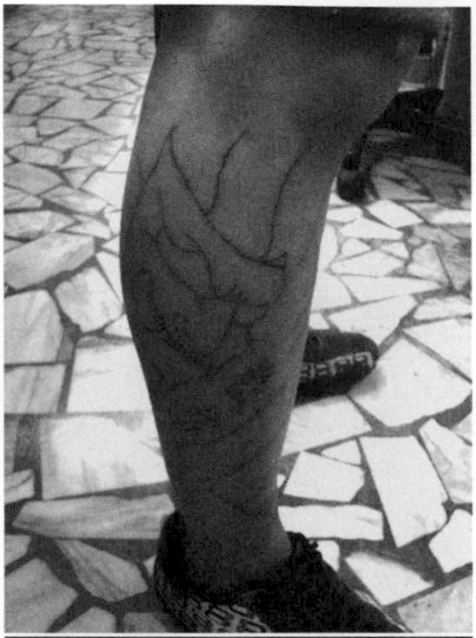

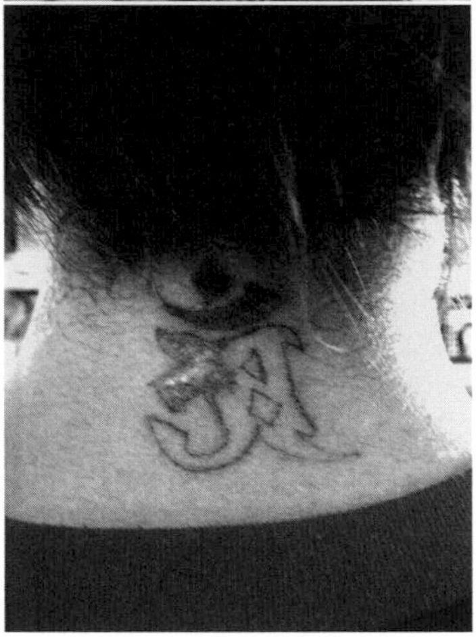

問題四：若是學校通知你，孩子在抽菸，你會怎麼回答？

問題五：若是學校通知你，孩子性騷擾異性同學，你會怎麼回答？

關於教養

許多家長常會問教師一個問題：「該如何才能養育出優秀的孩子？」

在學校看過許多表現優異的學生，我常常會好奇父母是採取何種教養方式，但得到的方式卻都不甚相同，有些付出時間，有些付出財力，有些付出心力，有些什麼也沒做，甚至可能有些根本就是小孩本身是個奇蹟，自然而然就十分優秀。

雖然到現在還無法了解如何教養出優秀的孩子，但我卻可以很肯定的回答：「如何教養出糟糕的孩子」。

就只要做到「溺愛」與「漠視」其中一樣就行了。

令人生氣的答案

之前提的五個問題，學務處聽過各式各樣的答案，選幾個比較經典的回答：

問題一：若你是這位學生的家長，你有什麼感想？

我會再給他兩千塊，要他去刺漂亮一點。

問題二：若是學校通知你，孩子將同學打傷，你會怎麼回答？

國中生本來就血氣方剛，打架是很正常的，受傷也是難免的啦。

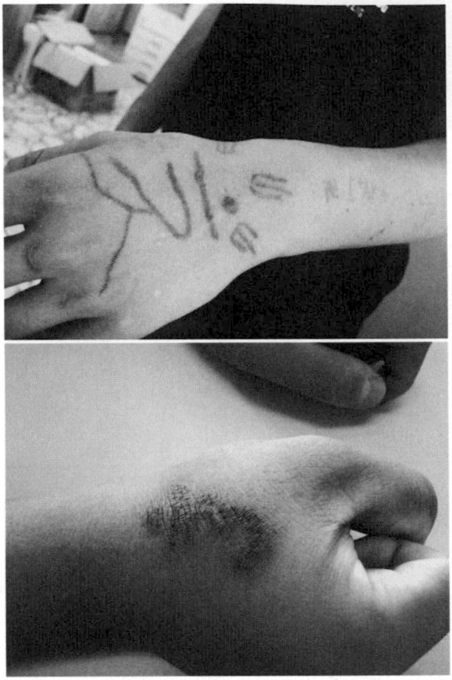

問題三：若是學校通知你，孩子從四樓將盆栽往樓下扔，差一點就砸到其他學生，你會怎麼回答？

對方一定做了什麼壞事，所以我兒子才會替天行道。

問題四：若是學校通知你，孩子在抽菸，你會怎麼回答？

我都已經發菸牌給他了，學校就不要這樣囉唆。

問題五：若是學校通知你的孩子性騷擾異性同學，你會怎麼回答？

我兒子看上她是給她面子耶，她應該要感激我兒子願意騷擾她。

當然，這畢竟是很少數的家長，絕大多數的家長仍然是很明理的。

老師也無法填補的空缺

幫孩子找一些亂七八糟的藉口是溺愛最典型的表象，《商業周刊》曾以〈溺愛戰爭〉為專題報導過，雖然社會不斷強調要給孩子包容與愛心，但縱容孩子為所欲為的行為卻導致溺愛，衍生出來的是孩子自我意識過於高漲，漸漸養成嚴以苛人卻寬以待己的問題，也無視於他人權益與師長的教導，反正千錯萬錯都是別人的錯，若是要怪罪，還要當心背後幫腔的家長，於是，應該學習的行為規範被漠視，難怪有越來越多行為乖張的小惡霸。

另一種會讓人搖頭的便是「漠視」，或許是現代父母工作繁忙，導致父母「忙碌無暇管教子女」。經常在學務處出入的學生最常說的一句話就是：「反正我父母又不關心我。」

當父母親漠視孩子時，教師再多的愛心也無法填補這一份空缺，最後就會出現滿口穢言、衣著邋遢、放棄學習、流連網咖、暴力滋事等校園問題，在高曼的《EQ情緒智商》書中指出：「越來越多的證據顯示，基本道德觀來自個人的情感能力，而且深受父母的影響。」但是，許多教育工作者卻發現，現在許多父母在孩子的生活和品格教育上棄守。

需要深思的問題

太過寵愛往往變成溺愛，太過忽略常常導致漠視，這樣的做法都太過極端，或許儒家不偏不倚的中庸標準反而能化解這種問題。

其實，我們應該讓孩子學習對自己的行為負責，在他們學習的過程中陪伴他們，如此一來，即使孩子在狂風暴雨的逆境中也不至於孤立無助，在滿佈荊棘的道路上也不輕言放棄，大步向前。

最後，套句洪蘭教授說的話：「沒有好的家庭教育，社會付的代價就是，將來這個孩子去監獄。一個國家錢不用在教育上，一定用在監獄上。」

孩子為什麼會成為流氓？

「你不是白天在打工，晚上讀夜校嗎？怎麼會有時間出來管事？」我突然想到。「現在多得是時間，因為我加入幫派了。」這小子突然神氣起來。「怎麼突然加入幫派？那還有唸書嗎？」我有一種不祥的預感。

又有流氓闖入校園

偶爾會有一些外人闖入校園，美其名是主持正義，但實際上常把學生痛毆一頓，因此教師對於陌生的面孔都懷有一份戒心。學務處的地理位置恰巧在一樓面對大門的龍穴，於是常常必須「請」人離開。

這次學校又來了兩位橫著走的人物，看起來絕對不像是幫學生送東西的（可能會送一些瘀青吧），於是學務處開始緊張起來，這時男老師便需要義不容辭的上前關心一下，我只好深呼吸一口氣，把女子防身術的招式在腦海中演練一番（不能怪我，每次研習都只教女子防身術啊），一時間目中兇光大盛，呼的一聲，我縱身向兩位黑衣男子撲去……

還好有交情

「老蘇，好久不見，來呷一支菸啦。」好險，原來是去年畢業的流氓學生，我想他的出現跟昨天他乾妹妹被人嗆聲絕對脫離不了關係。

阿倫老師！
您要什麼時候
才會來看守所
探望我！

你不是
保證不會
被抓嗎？

「怎麼那麼好心來探望我啊？」我明知故問的先客套一下。

「啊？沒啦，我是來處理事情的。」

「你是來替乾妹出頭的吧。我把話說在前頭先，這件事學務處已經在處理，你不要插手，否則不但幫不到乾妹，反而會替她惹上麻煩。」

每次小小的一件事，往往都因外人的介入反而弄到不可收拾，這次我鐵了心，不讓他蹚這渾水。

「喔，你是黑道教師嘛，你說了算。有你處理我就放心了。」這小子突然輕鬆起來。

現在是流氓

「你不是白天在打工，晚上讀夜校嗎？怎麼會有時間出來管事？」我突然想到。

「現在多得是時間，因為我加入幫派了。」這小子突然神氣起來。

「怎麼突然加入幫派？那還有唸書嗎？」我有一種不祥的預感。

「教官太機車了，所以我休學了。」

「不是才開學三個月，怎麼就休學了？」

「有人嗆我朋友，所以我就拿西瓜刀砍他，教官就機車，記我過，還要我去輔導。」這小子怏怏的撇了撇嘴。

「拿西瓜刀砍人沒報警把你抓起來就不錯了，你還嫌教官機車喔？」真是不知好歹的傢伙。

「我沒拿鐵棒打就不錯了。拿西瓜刀頂多只是皮肉傷，用鐵棒說不定是重傷或是殘廢，我已經對他很好了。」

哪有這種歪理？砍人就是不對，哪有把西瓜刀跟鐵棒相比的道理。

「對了，老蘇，你以後要是出事，我替你出頭，我現在可是流氓耶。」

大家都這樣愛我，我哪可能會出事，你不要出事就阿彌陀佛了。

「沒想到你對我這樣好喔。」我多少還是知道要感恩一下的。

「互相啦，你以前也很照顧我們啊。」

「是喔。那你也有加入幫派嗎？」我轉頭問另一位黑衣人。

「沒有啦，我如果加入幫派，我爸會打死我。不敢啦。」

「會怕就好。」還好還有因素讓他遠離幫派。

願關公保佑你

「對了，如果有一天他被關，你一定要通知我，他對我這樣有情有義，說什麼我一定要去看他一下。」我對那個不敢加入幫派的黑衣人說道。

「我不會被關啦，大哥說警察那邊都已經喬好了。」他一副不可能會發生這種事的語氣。

「如果你真的被關，我一定會買一包菸去探望你，然後……在看守所裡面笑你，而且我會笑得很大聲。」我一定要潑他冷水。

「老師，你很#%&＊$@#%。哪有老師這樣講的？」

願關公真的能保佑你。

Chapter 3
最擅長機會教育的阿倫老師

比名次更重要的事

學生緩緩的站起身來，緊憋嘴角忍著痛，跛著腳開始前進，走沒多久，就看見她一咬牙，突然開始向前狂奔，自始至終都沒讓淚水滴下。我再度透過鏡頭心疼她的傷痛，但卻為她的堅強而驕傲。

痛到掉渣

校慶運動會當天豔陽高照，選手們個個摩拳擦掌準備爭取好成績，紅橙色的跑道在陽光下格外耀眼，好不容易等到學生最期待的大隊接力，這時的得失心也格外嚴重，尤其是三年級的學生，由於是國中時期的最後一次比賽，許多班級都誓言非拿下一次勝利不可。

當二年級大隊接力的槍聲鳴起時，各班的第一棒飛快的奔馳著，全校師生也隨

之忘情吶喊加油，就在傳給下一棒的時刻，我透過數位相機的螢幕，看見剛接棒的學生硬生生跌在跑道上，一切都變得緩慢，四周圍的聲音也隨之模糊起來，這個學生就這麼倒在跑道上無意識的呻吟著……

在PU跑道犁過田的人都知道，就在與跑道接觸的瞬間，皮膚幾乎是火辣辣的燃燒著，接著排山倒海般的痛楚狠狠地戳刺著，彷彿要將五臟六腑都從口中撞出。我理解與地面摩擦帶來椎心刺痛的感覺，但礙於比賽規定，我終究沒有伸出援手，反而還略帶殘忍的鼓勵她：「我知道很痛，但可不可以試著慢慢的站起來，就算無法用跑的，但無論如何也要忍耐走完全程。」

學生緩緩的站起身來，緊憋嘴角忍著痛，跛著腳開始前進，走沒多久，就看見她一咬牙，突然開始向前狂奔，自始至終都沒讓淚水滴下。我再度透過鏡頭心疼她的傷痛，但卻為她的堅強而驕傲。

運動家精神

人生就像是跑大隊接力，過程中難免會有跌宕起伏，但挫折常是成長的契機，黑格爾曾經說過：「努力不懈的人，會在人們失敗的地方獲得成功。」

其實，跌倒並不可怕，就怕輸不起，年輕生命是美好的，就是要挺直背脊接受成長的洗禮。

其餘的同學也應用寬容的態度來看待，不管任何事情，對於同學無心的過失，如果一味指責別人，不但於事無補，反而傷了和氣，破壞團體的和諧，那是不值得的。

名次不是重點

提到了運動，很難不讓人聯想起一部影片《CAN - Father & son bond of Dick and Rick Hoyt together》，在影片裡，一位有點年紀的父親帶著兒子跑遍各種馬拉松、鐵人競賽，也橫跨美國好幾次，背景不斷變換，從荒漠到高山，不變的是推著兒子在烈日下滴汗的父親形象。

雖然他是為了兒子的夢想而跑，但是若沒有兒子的意志，他也不可能完成這麼多壯舉。

運動競賽的重點，從來就不是在名次之中的……

這才是我們希望學生能夠體會的事情。

感恩，從母親節之真好「孕」開始

水果商思量「小」西瓜怎麼夠學生吃，因此很聰明的改送「大」西瓜來，殊不知這西瓜不是用來吃的，而是要用來生的啊。

當驗孕棒顯示兩條線開始，除了快樂與期待之外，諸多的問題與辛勞就開始深深困擾著孕婦：從要選哪裡產檢？找哪位醫師接生？孩子是否正常？腰痠背痛怎麼改善？水腫應該要怎麼消？應該自然產，還是剖腹產？陣痛到底有多痛？要用配方奶，還是哺餵母乳？到底要怎麼坐月子？

這樣的狀況，國中生是難以想像的，因此利用母親節慶祝大會來場體驗活動，只不過要學生在半個鐘頭的時間內體會「十月懷胎，一朝分娩」的辛勞，便需要導師幫忙協助宣導了。

準備要懷孕的學生

右中母親
怎麼
沒看過金剛芭比喔

這是你們的寶寶喔

要在短時間內獲得刺激，首先就必須提高困難度，於是我請營養師幫忙訂購西瓜，除了重量增加之外，十分滑溜又無法固定位置更是讓學生手忙腳亂。

西瓜在慶祝大會的前一天送達，學務處同仁看著足足有九公斤重的西瓜不由得傻眼，原來水果商思量「小」西瓜怎麼夠學生吃，因此很聰明的改送「大」西瓜來，殊不知這西瓜不是用來吃的，而是要用來生的啊。

為了主持這場體驗活動，訓育組工讀生特地把我長長的頭髮梳成了兩支啾啾，接著穿上了借來的孕婦裙，裡面塞了一顆籃球就出場了。

天啊！當孕婦好辛苦

我又不是高力士
竟然要幫忙脫靴

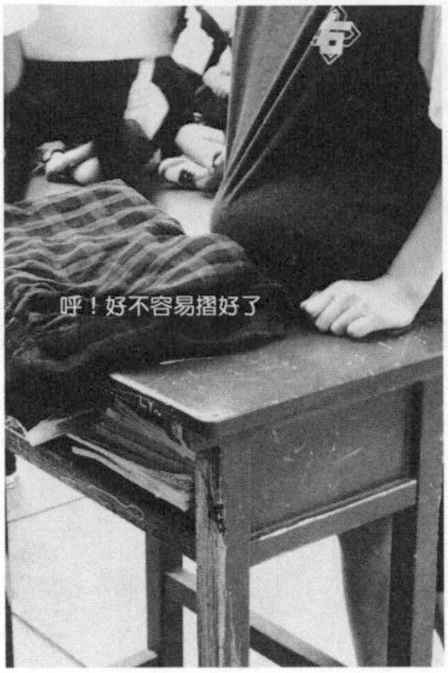
呼！好不容易摺好了

這樣的裝扮吸引了不少的相機與手機，但事後看到相片，我看起來其實不很像大肚婆，反而很像是將被異形破肚而出的傢伙。

為了能將被戲稱是「史瑞克寶寶」的綠色西瓜順利塞進衣服裡，事前便規定學生要穿著運動服或紀念衫。

現場也動用了許多學生幫忙，有幫忙放音樂的司儀；有幫忙搬桌椅的二年級體育班；有現場支援的三年級體育班；有負責拍照的攝影技藝班學生，以及訓育組的禮堂工讀生等。

關卡設計的概念是孕婦一天的生活，第一關本來是希望體會孕婦起床的困難，因此預計讓學生大著肚子做仰臥起坐，無奈找不到足夠的軟墊，因此改成在軟墊上抱著肚子滾三圈。

畢竟，很多孕婦會因為日益增大的肚子而開始覺得睡不好覺，想要翻身、改變姿勢對於孕婦都是奢望，因此，讓學生體會一下孕婦是不太可能趴睡的。

當孕婦起床之後，若是還必須要做家事，那也是苦差事一件。

第二關就是要學生一手抱著肚子，一手將學生外套摺整齊，其中最困難的地方就在於，學生很難用單手把外套的拉鍊拉上。

第三關是模擬孕婦換裝準備出門，最困難的地方莫過於綁鞋帶了，為了預防孕婦賴皮，因此事先安排學生確實將鞋帶拉掉，再將鞋子完全脫下來。

當挺著一個大肚子時，許多看似簡單的生活起居都彷彿是極限運動一般，難怪許多孕婦都換穿平底鞋。

當然，有時也會有很不幸的事情會發生。

懷孕其實不光是孕婦一個人的事，先生也扮演了非常重要的角色，小寶貝是兩個人愛情的結晶，為了讓他能夠健康安穩地在媽媽肚子裡成長，準爸爸應該適時地關心、鼓勵與支持準媽媽，貼心的抱抱能夠增加準媽媽對懷孕的信心及安全感，所以第四關設計了愛的抱抱。

胎教也是現代人相當重視的一環，不管是唸書給肚子裡的寶寶聽，還是放點輕音樂，都會對寶寶有著很好的發展，因此，孕婦必須對著自己的肚子唱一首兒歌。

第五關是模擬孕婦上街購物，本來是想讓學生體會孕婦如廁的不便，雖然感覺會很爆笑，但著實不甚雅觀，於是改了一下內容。

為了結合購物與如廁兩個觀念，利用簡單的支援前線的遊戲，要求班級支援的物品需要放置於地上，孕婦再從地上將物品拾起後擺放於桌子上，只是支援的物品中，我很壞心的要求了：「一件運動服或紀念衫。」

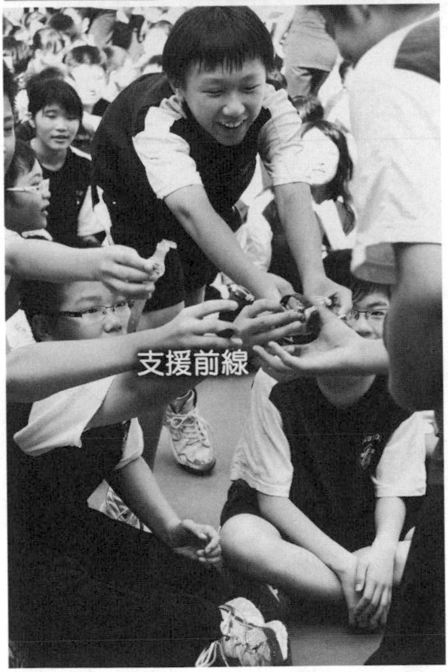

孕婦是需要運動的，其中最適合的就是散步了，為了增進夫妻感情，最後一關要求兩位同學手牽手，一起繞著籃球場走一圈。

這樣的活動，希望學生都能從中了解母親懷胎十月的辛勞。

也祝福天下所有的媽媽：「母親節快樂。」

最落實在生活裡的環保

環保不應只是課本上的教材，也不是在學校裡做垃圾分類而已。學生在回收站中沒有人抱怨辛苦，或許這樣的體驗比紙上談兵有效多了。

慈濟環保緣起
七十九年八月間，上人應吳尊賢基金會之邀，
於台中舉行的一場幸福人生講座中，
提到用鼓掌的雙手做環保，提倡垃圾分類
資源回收再利用、愛惜資源
即有一位年輕少女熱烈響應並付諸行動，
呼籲鄰居將紙張分類回收。
她將一個月來回收的錢捐獻為愛心基金，
做到了垃圾變黃金、黃金變愛心
於是，慈濟人自此紛紛響應環保的善舉

當地球暖化的現象越趨明顯，環保思潮也開始抬頭，但大部分的民眾仍然停留在方便的生活之中，免洗碗筷仍然到處充斥，塑膠袋也遍地都是，排放廢氣的車輛也塞在道路

上。

許多習慣都必須自小養成，因此特地與慈濟合作，利用社團時間帶一批學生到回收站體驗，除了認識何謂環保之外，也看看為何這麼多慈濟人可以在辛苦中還能這麼高興。

來到回收站後，我與同學們仔細聆聽師姑的詳盡解說，也學到了「環保十指口訣」：「瓶（玻璃瓶）、瓶（寶特瓶）、罐（鐵罐）、罐（鋁罐）、一（衣）、三（3C產品）、五（五金）、七（其他）。」重複了幾次後，回收的要訣輕輕鬆鬆的印入腦海裡。

平時倒垃圾時，雖然會將垃圾與資源回收品分開，但來到回收站後才發現，原來分類的項目遠比三種顏色的垃圾桶多多了，而除了項目繁多

之外，後續的分類與加工更是之前無法想像的。

以報紙來說，回收的金額並非單純只是看重量，若是將報紙一張一張摺疊整齊後，再用布繩綑綁起來，除了能減少佔用空間的容積，價錢遠比散裝高得多。

本來一公斤兩塊的報紙摺齊、紮成豆腐干，就能賣到六塊錢，這樣的價差其實還滿恐怖的。

據慈濟人表示：「只要回收幾百公斤的紙類，就可以挽救一棵二十年的樹」，這樣也算為大自然的生態盡一份力。

慈濟的回收站有幾個特色，除了沒有十分刺鼻的臭味外，工作的慈濟人都在微笑中揮灑著汗水，或許學生受到了感召，也認真的拿著工具在鏽鐵堆裡卸螺絲。

藉由電線剝皮器，一條條的廢棄電線變成了可再利用的銅線，價錢也從原本一公斤六、七十元，躍升到兩百多元，但這些工作大部分都必須靠人工才行。

環保不應只是課本上的教材，也不是在學校裡做垃圾分類而已，學生在回收站中沒有人抱怨辛苦，或許這樣的體驗比紙上談兵有效多了。

雖然這次的體驗活動只有短短的兩個鐘頭，但學生透過互相分工支援，實際親身參與環保行列，體認到環保不只是一句口號，而是在汗水的背後，有一顆無私奉獻的歡喜心。

回頭看看在回收站裡辛苦工作的慈濟人，或許有人的教育程度比我們國中學生還低，許多環保議題也並非在他們可以理解的範圍，但他們卻單純秉持著一顆保護地球的愛心，默默無悔的付出一己心力。

看著這群慈濟人與學生的互動，深切體認到何謂言教不如身教，若是學生能夠將環保概念深植於心中，讓愛地球從切身的生活確實做起，應是最令人期待的吧。

表達謝意，從體驗孕婦開始

雖然假裝是孕婦，但由於籃球的重量很輕，因此每個孕婦都用衝的上樓梯，只不過因為上樓時膝蓋往往會頂到籃球，進而壓迫到肚子，所以就有學生問我：「我可不可以先把球拿下來，等我跑完再裝回去？」

懷胎十月

一年一度的母親節又來臨了，為了讓學生能由衷地感謝父母長久以來的呵護及付出，各校大多舉辦了母親節感恩活動。

雖然學生都知道自己是經由母親辛苦懷胎十月來到這個世界上

粉紅「哈摟踢踢」孕婦辦公中

的，但應該無法體會懷孕過程的不方便與不舒服，因此訓育組特別設計了一個名為「懷胎十月」的活動，藉著親身體驗讓學生能夠了解懷孕過程當中生活上的一些不便，順便融入生命教育與性別平等的議題。

活動規則：訓育組備有磅秤，學生必須將書包裝滿三公斤的書籍，再將書包固定於肚子上，且位置不能低於骨盆，也不能高於制服口袋。

學生好不容易湊足了三公斤的重量，不一會兒就用手扶著腰，在那邊窮嚷嚷喊著腰痠背痛，然後才

恍然大悟地說：「難怪導師懷孕時都要扶著腰，因為肚子太重了，腰一下子就又痠又痛耶。」

終於聽到學生說……

由於才剛考完期中考，輔導課一時之間也不需要做什麼補救教學，因此把學生分為四組帶到中庭做活動。

各組派一位同學在階梯上方待命，而第一位同學在哨音開始後將籃球裝進衣服裡面當孕婦，這個孕婦必須設法到達階梯頂端，這時在上面待命的同學會把孕婦雙腳的鞋帶拉掉，而孕婦要自行將鞋帶重新綁好，再回到階梯下方將球傳給第二位同學……

雖然假裝是孕婦，但由於籃球的重量很輕，因此每個孕婦都用衝的上樓梯，只不過因為上樓時膝蓋往往會頂到籃球，進而壓迫到肚子，所以就有學生問我：「我可不可以先把球拿下來，等我跑完再裝回去？」

「媽媽在懷你的時候，可不可能為了要做家事，先把你拿出來，等做完了再裝回去？」我反問。

感覺不方便的學生開始突發奇想：「老師，可不可以流產？」

也有學生問：「懷孕真的很辛苦耶。我可不可以請產假？」

甚至有位學生瞄了我一眼後說：「難怪你老婆都不懷孕。」

正當學生手忙腳亂繫鞋帶時，我在旁邊笑到蹲在地上流眼淚，本來是為了讓學生體驗媽媽的辛苦，因此才設計這些懷孕體驗活動，沒想到學生辛苦的挺著籃球裝成的大肚子，一點溫馨的感覺也沒有，反而一直出現爆笑的景象。

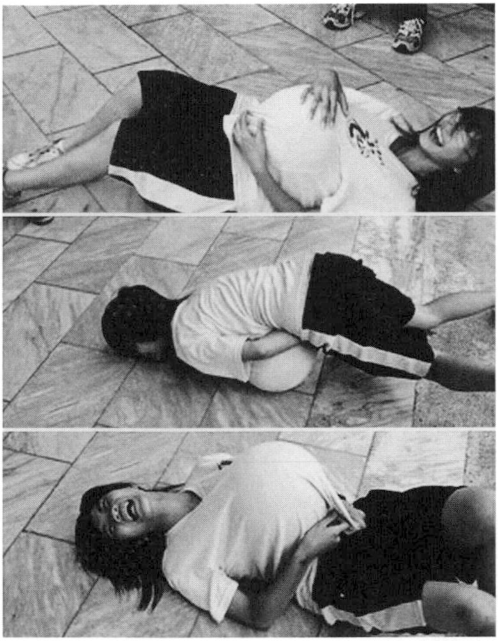

胎位不正的不提，有些根本就是腰部長了一顆腫瘤，還有變成鐘樓怪人的，（你的肚子是怎麼跑到背後去的？）當然也有蹲下來時重心不穩跌倒的……

一場活動下來，累的累、倒的倒，但是也終於聽到一句預計要聽到的話：「呼，原來懷孕這麼辛苦。」

我的遊戲一向是有懲罰的，而懲罰便是：最後一組的同學必須要……學……孕……婦……翻……身。

一時之間哀號聲四起……

我很敬業

體驗活動我也參一腳，一整天都背了個大肚子，也體會到當孕婦的不便。

首先是上廁所，由於肚子太大，我第一次發現看不見自己的雞雞在哪邊，也完全無法瞄準馬桶的位置，害我上得提心吊膽的，生怕尿濕褲子或地板，當然更怕會被拉鍊夾到就是了………

回到學務處，教務主任剛好來辦公，我提出了一項疑問：「如果孕婦想大號，馬桶可能不是問題，但如果廁所是蹲式的，我發現肚子會卡在兩條大腿間，那怎麼上廁所？」

「照上啊！不然怎麼辦。」主任一副理所當然的回答。

「不然也可以半蹲啦！」學務處的幹事怕我聽不懂連忙補充。

主任接著問我：「帶了一天的大肚子，有什麼感想沒有？」

汗流浹背的我只有一個念頭：「懷孕要避開夏天才行，不然會熱到瘋掉。」

表達謝意

中國文化有一種美德叫含蓄，就是不擅表達自己內心的感受，總是認為有這種念頭就可以了，而且家人應該是能感受到的，偏偏家人就是感受不到那種心意。

當然有學生可能會反駁說：「我都用行動來表示，我會送父母禮物。」

但是買禮物的錢從哪兒來？很簡單，還不是向父母親拿的，其實父母重視的是親情的表現，他們不在乎有沒有禮物，而一句謝謝往往勝過任何替代的物質。

五月是感恩的月份，因此在母親節感恩大會上，我們請各班代表獻上一束康乃馨給導師，並在卡片上寫下一句祝福，或想跟導師說的話，畢竟上天無法照顧每一個人，於是創造了母親，而母親要上班也無法照顧自己的孩子，於是上天又創造了導師，因此利用這個機會，讓學生說一句：「導師，謝謝您。」或親一下、摟一下，相信衷心的祝福會讓導師打從心底感受到的。

在此祝福所有的學生家長，以及照顧學生的教師，母親節快樂。

挫折是最好的成長

雖然我一天到晚都在比賽，但實際上得獎的次數卻少得可憐，因為我擅長的項目是水彩，但對於學校來說，不管哪一種美術比賽，反正就派會畫圖的學生，這也導致我不斷在不擅長的項目中失敗。

現在的年輕人因為缺乏挫折忍受度，抗壓力也明顯不足，於是被冠上草莓族、水蜜桃族的稱號，這或許會讓很多年輕人不服氣，於是紛紛站出來證明自己也是很有毅力的，但目前少子化的趨勢讓父母過度保護孩子，漸漸養成孩子依賴的個性，

人生有如泥沼一般
陷下去容易
要抽身卻很困難

這在教學現場的感受是十分明顯的。

父親的油畫啟蒙

人生不可能永遠是晴空萬里，而挫折是無法避免的成長過程。

我從小就是不斷在挫折中打滾的，而這一切，是從幼稚園一次陰錯陽差的美術比賽開始……

我還記得小時候望著家中牆上一幅幅油畫時，心裡所滋生的感動，那些畫作提供偌大的想像空間，讓我初識揮灑間的痴迷情境，儘管當時我似懂非懂，但卻比許多人提早踏入美學和畫彩的廣大世界，到現在這些作品仍高懸於父母家中的四面牆上，因為這些傑作不是出於他人之手，創作者正是——我的父親。

也因為父親的緣故，所以我從很小的時候就會拿著畫筆跟著父親亂塗亂抹，也開始對繪畫產生了興趣。

繪畫是非常獨特的藝術活動，它所建構出的空間，包括藝術家的訊息、圖案吸引力，以及欣賞者和創作者的感情交流，這樣一個領域可以讓人沉醉，享受心靈的停歇，而當我累積了這些美好的經驗後，在我求學過程中也有相當的助益。

讀幼稚園時，我參加了人生中的第一次美術比賽。在盛大的頒獎典禮後，小小的我心裡產生了很奇怪的念頭，接著開始拚命的畫呀畫。為了訓練色彩的敏銳度，常常需要在許多格子中塗上不同的顏色；為了練習素描，也不知道共畫了多少線條與陰影，但這樣看似枯燥的工作，卻讓我發現基礎功的重要性。

總是在比賽

讀小學時，當老師需要插畫做說明示範時，即便只是一隻簡單的小貓、小狗，也常會瞧著我說：「阿倫，畫一下給大家看吧。」而代表去參加各種美術比賽，更是家常便飯。

讀國中時，我擔任了三年的學藝股長，在充滿紙張、線條和色彩的團體合作中，製造出一次次令人滿意的成果，我每每為班上的教室佈置蟬聯冠軍。

從懇親會海報到校慶大型看板……甚至畢業紀念冊的編排，都在我們小組的通力合作下達成任務，並得到老師滿意的讚美。

另外，我也從不曾缺席過大大小小的美術比賽，我的美育成績自然不在話下，只可惜當時並沒有多元入學方案，而升學主義是不會注重此項特質的。

在升學主義的影響下，我放棄五專的美術相關科系而進入高中，再度擔任三年的學藝股長，雖是如此，高中對我而言卻很重要，因為生活比國中更開闊，我開始認真地接觸不同的文化：社團、人、精神等，後來甚至決定朝美術發展。

我開始注意各種類型的創作，也展開一連串的打工。從最基礎的上色開始，一直到參與構思，到最後獨力完成設計，這些都為往後的日子打下扎實的基礎，也使得我在驪歌聲中，才揮一揮手，與同學們道再見，馬上就投入一連串如暴風急雨般的工作。在這段日子裡，感覺我手上的教科書應該一片空白，因為我大部分的生活都是在美術比賽中度過。

我比賽的次數多到十分誇張，甚至有老師問班上同學：「阿倫是不是休學了？怎麼一天到晚都看不到人？」

雖然我一天到晚都在比賽，但實際上得獎的次數卻少得可憐，因為美術比賽的種類很多，包含素描、西畫、水墨畫、書法、版畫、平面設計、漫畫與雕塑等，雖然我擅長的項目是水彩，但對於學校來說，不管哪一種美術比賽，反正就派會畫圖的學生，這也導致我不斷在不擅長的項目中失敗。

錯失機會

許多的美術作品不見得能在幾個鐘頭內完成，有時甚至要以天來計算，這需要相當的耐心與毅力，而且還不見得會有回饋，因為有時參賽的結果是落選。

在這樣的挫折中，照理講我應該很容易放棄比賽的念頭，但或許是對美術有某種程度的熱愛，所以我總是能繼續參加下一場競爭，這無形中也養成我對於挫折的容忍度，對於失敗一事，也就沒有太過在意了。

雖然總是不斷失敗，我卻也總能在各種不同的比賽中觀摩其他人的作品，正如《左傳・定公十三年》所記載的：「三折肱，知為良醫。」在汲取到許多經驗後，漸漸的，也能奪下一些獎項。

若是套用棒球術語的話，我可說是打擊率明顯偏低，卻因出賽的場次奇高，反而擊出數量十分驚人的安打，因此在高三那年，學校推薦我參加藝術學校的保送甄試，只不過，學生時代的我是非常愛玩的，這一玩就玩掉了保送的機會，因為竟然給他玩到忘記送件了。

踏入相關行業

既然無緣進到藝術學校，但其實待在普通大學也可以繼續比賽。我在比了幾場較大型的設計賽事之後，竟然有廠商開始找上門來邀稿。

後來，我陸續開始接案子，因為長時間對作品的敏銳，加上豐富的經驗、重複的操練，導致我神經越來越細，而歇斯底里的要求也近乎偏執，從構思、設計、下筆、草稿、上色、完稿、交件，我完全逐一嚴格審查，高標準對待，我也曾經在衝動、亂置、錯誤中不斷修正，只為了讓作品完美通過考驗。

當時如此天馬行空式的創作，雖然有幸能在社會生存，但卻無法得知自己在他人心中確切的地位及價值。美工設計的案子堆積如山，客戶標準多重，我努力的了解廠商、消費者，以及上司眼中自己的作品，這些溝通過程或許十分繁瑣，但最後也發現收穫不少。

轉換跑道

廣告設計是個嚴重危害身體的職業，我每天過的生活就如同參加日本電視台的「電視冠軍」一般，除了不知道下一回會出現什麼樣的題目之外，還要不斷的跟有限的時間競爭，而且，最麻煩的是，廣告設計總是得分出一個高下，偏偏冠軍就只能有這麼一個。

於是，我離開了熟悉的職場，投入國文教師的工作，乍看之下格格不入，但實際上卻有許多雷同之處。例如學校的長官比客戶和藹，同事也比廣告同業溫柔，甚至學生問題也沒有設計廣告來得複雜，於是，我發現自己對於教育職場的挫折忍受度其實頗高，當然偶爾也會哇哇叫一下就是了。

當了一陣子的教師，我發現到一個十分有趣的現象，以前當學生時，所有的行為都被稱為搞怪，所以一天到晚挨罵，現在當了教師，行為舉止沒有長進多少，但所有的作為卻被稱為創意，而且還常常被稱讚，這個社會的價值標準好像哪裡怪怪的，但我卻超喜歡現在的工作。

從髮禁培養學生美感

我從如何選染髮劑、如何染髮、如何挑染、如何做造型等一路講到如何護髮。

受害者

好奇怪的標題，我也很納悶，為什麼會有學生哭喪著一張臉跑來問我：「可不可以請教育部恢復髮禁？」

「學生不是都支持解除髮禁嗎？」

「才沒有呢，我就是解除髮禁的受害者。」

一問之下才知道，原來這小孩家是開美髮院的，既然解除髮禁，就表示可以染髮，既然可以染髮，那店裡的實習妹妹平常需要練習，又不好隨便拿客人的髮色開玩笑，於是……腦筋就動到這小孩頭上了。

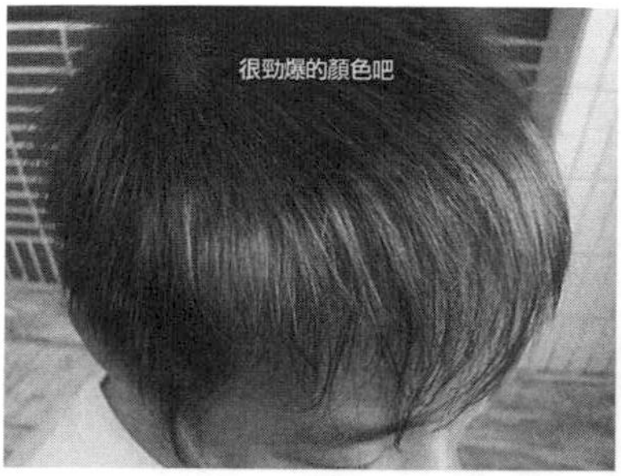
很勁爆的顏色吧

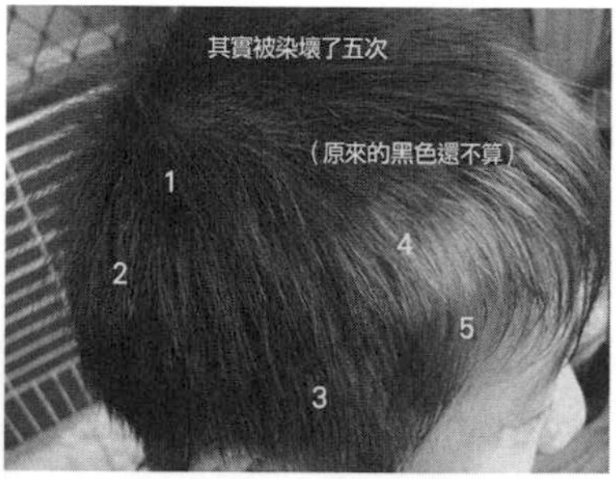
其實被染壞了五次
（原來的黑色還不算）
1
2
3
4
5

看著那頭有五種層次的髮色，我開始同情起來……

怎麼又一個？

一隻刺蝟經過我的面前，我不禁吹了一個口哨：

「很炫的髮型喔。」

這個學生彷彿被我觸怒了一般說道：「老師，您是在嘲笑我嗎？」

「我、我、我有嘲笑的意味嗎？」我不知道他為何要脹紅著臉。

「我已經盡我可能的弄好看了。」學生有點難過。

這也是個美髮院的小孩，洗頭小妹要試剪，又不好隨便拿客人的髮型開玩笑，於是……腦筋就動到這小孩頭上了。

看著那頭狗啃似的缺角，我開始同情起來……

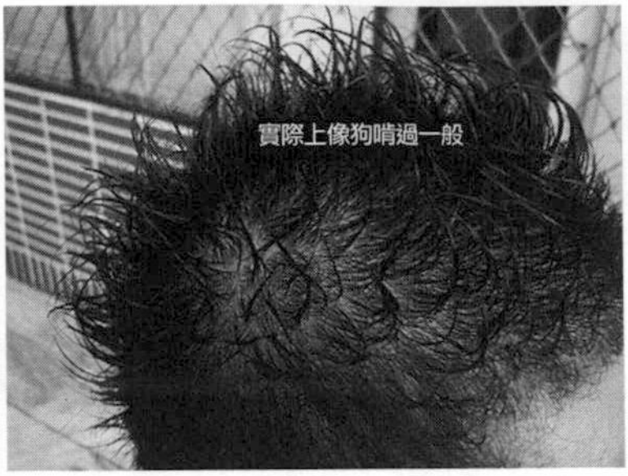

教美感

髮禁宣布解除後，很多學生喜歡買有顏色的果凍蠟。一次上課的時候，我好心提醒一位學生：「你頭上都是粉筆灰耶。」

那學生一臉疑惑，旁邊同學見狀連忙提醒我，那是果凍染料啦。

當全班到齊後，我差一點笑倒在講台上，因為好幾個同學的頭上都像沾滿各種顏色的粉筆灰，當下我就決定來教「何謂美感」。

學生都是隨便挖一坨髮蠟後就往頭上抹，了不起的會抓一些造型，但隨便一抹的結果是：剛抹下去的地方顏色很明顯，之後的都沒顏色，感覺上像是頭上長了一塊頭癬，說實在的，真的很醜。

於是我從如何選染髮劑、如何染髮、如何挑染、如何做造型等一路講到如何護髮。

「老師，這樣很麻煩耶。」
「愛漂亮就不要怕麻煩，不然頂一個這樣矬的髮型，不如自然一點好。」
「老師！」
「怎麼了？」
「我可不可以去洗頭髮？」
「為什麼？」
「我照鏡子以後，發現真的很難看，我想洗掉。」
「我也要。」有抹果凍蠟的都要求洗頭髮。
「不行，現在是上課，而且歡喜做，甘願受啊。」
從那次之後，我就再也沒看過學生在髮色上搞怪了……

髮禁調查

學務主任與生教組長正在討論公文，內容是教育局要調查學校是否真有解除髮禁，是否有學生前來申訴。我們學校確實沒有髮禁，也沒有學生前來投訴，問題是：教育局會相信嗎？

突然間他們兩人取得共識，那就是附上我的照片，上面寫說：「男生頭髮最長者為本校的國文教師，由此可見本校並沒有髮禁。」

我希望他們只是開玩笑的而已……

當學生成為黑澀會妹妹

本來是位平凡的國中生，一夕之間成為電視中的名人，相對而來的是許多隱私被放在網路上討論著，許多人看不到漢娜犧牲許多休息時間在努力苦練才藝；許多人不知道她就算扭傷腳還忍著眼淚繼續排演。

總有些人天生就是學校中閃亮的星星，有的是課業、有的是才華、有的是品格，還有一種就是長相。

一雙靈動聰慧的雙

眸配上搪瓷娃娃的白肌，中澳混血的漢娜很容易吸引許多人的目光，然後周遭就會一陣安靜，只剩下幾句竊竊私語：「她好漂亮。」

對於成人的眼光而言，實在很難形容漢娜的美麗，姑且不論她是否美麗，但長得滿可愛這點是不可否認的，因此她成為了這次校刊的封面人物（我們學校的校刊設計得很讚吧，真不知道是哪個有才華的訓育組長拚命的結果）。

雖然我並未教過漢娜，但認識她好像是無法避免的結果，不管是女童軍露營、街舞社參展、女子足球隊比賽等活動，都可以發現這個小女孩出現在訓育組的相片資料之中。

不知是否因為國情不同，台灣的父母親大都擔心孩子參加太多活動會影響課業，漢娜那位帥到像電影明星般的澳洲籍爸爸卻是最大的支持者，這樣強而有力的後盾也讓漢娜勇於嘗試許多不同的活動。

「挑戰是表現努力後的成果，如果只是因為害怕，怎麼可能有達成理想的衝動」，這就是漢娜多方嘗試的念頭，也是在參加「我愛黑澀會」甄試前自勉的話。

一天下午，漢娜蹦蹦跳跳的對著我說：「我過一陣子要去參加黑社會的甄選喔。」

「你是立志當洪興十三妹不成？黑社會不是只要口頭承諾的簡單入會儀式就行了，什麼時候也開始要甄選啦？」我不是很認同的回答。

「黑社會本來就要甄選啊。」漢娜理所當然的回答。

「是喔，那老大是陳浩

南還是山雞啊？」

「老大是黑人啦。」

「你以為黑人組的就是黑社會喔？」

「對啊，老師你都不看電視的喔？」

耶？等等，黑社會、黑人、電視？莫非漢娜說的黑社會是我愛黑澀會的簡稱……

說起黑澀會妹妹，我在去年時被一堆學生連拖帶拉的來到禮堂，這些暴民口中還不斷喊著：「我要跟『泳褲』照相啦。」

「游泳褲有什麼稀奇的？幹嘛非要我拿相機來拍？」我搞不懂什麼泳褲這樣特別。

「不是『泳褲』，是黑澀會妹妹裡面的『勇兔』啦。今天她代表中華藝校來學校做招生宣導，等等我們要跟她合照。」學生開始跟我解釋勇兔與黑澀會妹妹。

為了消除跟學生間的代溝，家裡沒電視的我還特意跑回父母家，假藉孝順之名，行借電視之實，終於知道黑澀會妹妹究竟是什麼樣的一個節目，只不過，看了一陣子之後，我決定……還是讓代溝繼續存在好了。

一陣子之後，漢娜又蹦蹦跳跳的對著我說：「我通過『我愛黑澀會』的甄選了。」殊不知這句話也開啟了漢娜在學校的某些不愉快，人紅是非多真的是亙古不變的道理。

本來是位平凡的國中生，一夕之間成為電視中的名人，相對而來的是許多隱私被放在網路上討論著，許多人看不到漢娜犧牲許多休息時間在努力苦練才藝；許多人不知道她就算扭傷腳還忍著眼淚繼續排演。

成名的代價就是要接受許多譏諷與挑剔，甚至有學

校同學直接說：「你以為自己很厲害嗎？不要只會拿異性緣炫耀你的功績，好讓我們崇拜你、注意你。」

這種謾罵使人眼中只有缺點，而無法欣賞他人長處，這對一個國中生來說是有些殘忍，但這卻也使得漢娜比同儕多了那麼一點的抗壓性。

除了當面指責之外，廁所的牆壁也開始出現許多攻訐的字句，接著漢娜的親衛隊也開始在牆壁上反擊。

在你來我往的交鋒中，漢娜如同其他黑澀會妹妹看到留言版中的反應一樣，心情往往會受到巨大的衝擊，甚至一度認為是不是自己顯露出某種引人厭惡的感覺而想一走了之，還好身邊的好友適時發揮了安慰的功效，讓漢娜決定選擇勇敢面對。

至於那些在廁所塗鴉的學生，不管留下的字句是辱罵還是支持，下場都是：到廁所做清潔的勞動服務。

隨著漢娜的人氣越來越高，我其實是樂觀其成的，因為，漢娜如果想順利從國中畢業，就必須拿一堆的簽名照片來跟我換取畢業證書，說不定等到哪天她成為國際巨星之後，我就不必再為禮物傷腦筋了，只要宣布：「這次比賽冠軍的獎品是國際巨星漢娜的簽名照一張」就可以了。

所以，請大家多多支持我們家的漢娜小朋友。

等不到主人的畢業證書

「生病到現在，已經一個月了。好久沒去上學，我好想去呀。經過這一個多月，我覺得對我的病有種驕傲感，因為別人都不會得到，就我得到（老天就選中我了咩～反正就接受它嘛）。」

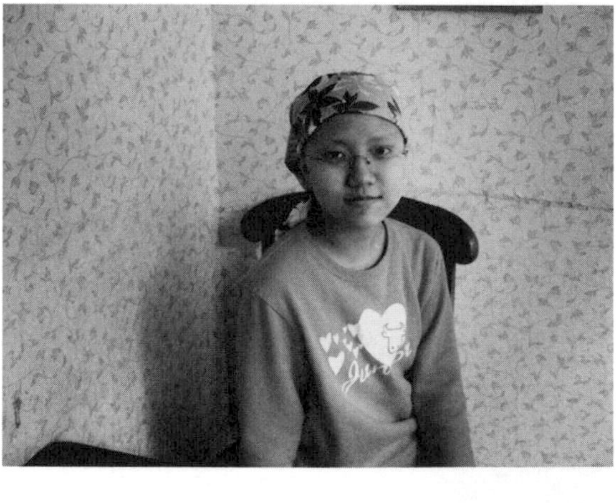

LOVE LIFE

「我是家彣，我今年十五歲，醫生說我只剩下一點點的時間，可是我好想活著，因為我好熱愛我的生命……」

婦幼節當天，「LOVE LIFE珍愛生命・永不放棄」這支公益影片不知讓多少人為之動容，在榮總九三癌症病房裡的這群孩子，即使面對生命的盡頭，仍然展現他們堅韌的生命力，只不過，參與拍攝的三位病童裡，家彣在二月二十五號過世了，沒能等到這支影片的首播……

轉彎的生命

家彣是我們學校的學生，也是我的網友，嬌小的身軀配上馬尾，總是很歡樂的煩惱自己為什麼長不高，很自豪自己的國文程度不錯，希望有一天可以當上好像不太好當的國文教師，這是我對於家彣的印象。

對家彣特別有印象是因為合唱團，由於學生一舉在全國競賽中拿下了優等，頒獎完之後，家彣要求重新製作一張獎狀給她，我才發現家彣的「彣」無法使用新細明體與標楷體兩種以外的字體，雖然獎狀看起來怪怪的，但這時候的家彣是快樂的，直到一場車禍……

九十六年四月五日，家彣一家人準備回台北掃墓，行經彰化要休息時，就當家彣媽媽打開車門的那一瞬間，一個酒駕的女生開車撞了過來。

媽媽的意外過世，讓原本幸福美滿的家庭失去了歡樂，家彣的青春時光也蒙上了一層陰霾，這樣的突發狀況讓學校十分憂心，深怕母女情深的家彣承受不住天人永隔的打擊。還好，家彣的自我疏導，加上同儕間的陪伴，讓她很快地打起精神，並且背負起身為家中長女的責任，幫忙爸爸照顧弟妹。

「一切都會過去，媽媽會在天上看顧我們，惡運過去了。」家彣常常這樣鼓勵爸爸與弟妹，也鼓舞著自己。

生命中總會降臨或輕或重的意外，難免會驚恐，也不免會慌亂，但這不代表來到了盡頭，而是在提醒生命該轉彎了，也許沒辦法選擇生命會在何時何地轉彎，但在轉彎處卻可以選擇如何讓自己過得更好。

正當家彣在轉彎處準備重新出發時，左大腿卻隱隱作痛起來……

檢查之後，醫生緩緩的吐出三個字：「骨肉瘤」，家彣雖然不明白這是怎麼樣的一種病，但淚水卻不聽使喚的緩緩流下。

骨肉瘤是最常見的原發性骨癌，它會侵犯鄰近的組織及器官，也可能會轉移至遠處的其他器官，以青春期為發生的高峰，平均年齡約為十六歲，在青春期所患的腫瘤中，僅次於白血病及淋巴瘤，居於第三位。

經過更仔細的檢查之後，發現家彣罹患的是「骨肉瘤合併肺轉移」，由於之前以為是運動傷害而曾接受推拿，癌細胞因此順著推拿轉移到了肺部，目前只有百分之十的治癒率，家彣為此住進台北榮總的「九三病房」。

家彣開始進行化療，預計接受一年兩個月的長期療程。在所有人都擔心的同時，家彣在部落格為自己的遭遇所下的註腳竟然是「我被抽中了」。

接著，家彣在她的部落格中記錄了許多的心情：

「生病到現在，已經一個月了。好久沒去上學，我好想去呀。經過這一個多月，我覺得對我的病有種驕傲感，因為別人都不會得到，就我得到（老天就選中我了咩～反正就接受它嘛）。」

「上禮拜又動了一次手術……是開肺的。不知道為什麼，總覺得沒什麼心理準備，因為人家怕痛咩。一點痛都不行。可是想想，開了刀，就可以把不好的東西取出來，這樣很好呀～對不對？」

「手術當天，要進手術室的時候，雖然大家都說就當進去睡一覺，可是還是免不了會緊張。手術過後，我還能醒，沒有忘記呼吸（護士說開肺手術的病人一出手術室要注意，不要忘記呼吸），而且痛了三天，之後恢復得不錯。好險……」

是怎樣的一種堅毅，能讓一個孩子如此的樂天？

家彣，就是這麼樂觀的一個女孩。

感謝玫瑰有刺

瑞典詩歌裡說：「感謝神賜溫暖春天，感謝神賜淒涼秋景；感謝神禱告蒙應允，感謝神未曾垂聽；感謝神路旁有玫瑰，感謝神玫瑰有刺……」這段話是學校輔導處幫家彣報名ＡＱ達人的一個標題。

一個在班上前十名的美麗小女生，正準備盡情揮灑青春時，冰冷的病房取代了寬闊的操場；腿部的切片、開刀取代了各科的課本；化療中嘔吐、噁心、掉髮也讓家彣質疑：「不知道為什麼上帝總會有那麼多的考驗要給我們？我們照著醫師給的療程走，有的順利畢業，可是有的卻不那麼理想，甚至復發的都有。難道上帝要一再的給考驗，不能只給一次就夠嗎？這些考驗讓我們好累……」

然而，在質疑過後，家彣卻能夠告訴自己：「可是我們還是要繼續往前，把考驗完成。」從一開始的無法接受到坦然面對，家彣只用了不到一個月的時間來調整。

每天，家彣的部落格都有許多網友寄出祝福，大家都堅信她絕對會通過這次的考驗，無論腿再怎麼痠、縱使腳再怎麼痛，家彣也會咬牙走出自己的路，走回最想回到的校園之中。

缺席的畢業典禮

十五歲的家彣罹患了骨肉瘤，半年做了三次手術，在有限的生命裡，家彣靠著毅力展現對生命的渴望，對著鏡頭說：「如果生命可以交換的話，你願意跟我換嗎？」

家彣雖然勇敢的和病魔對抗，病情卻急遽惡化，在「LOVE LIFE珍愛生命．永不放棄」影片拍攝末期，家彣只能虛弱地抓著最愛的大象抱枕，用力的辛苦喘著氣。

九十八年二月二十六日凌晨一點二十四分，家彣在睡夢中靜靜的離開了，面容安詳的笑著，不捨的家人幫她塗上最愛的粉紅色指甲油……

現在有許多人草率地結束自己的生命，殊不知有人更希望自己能夠活下去，剩不到半年就要舉行畢業典禮，但這張證書卻永遠也等不到她的主人。

一年半的時間裡，家彣用微笑面對家人、師生與病痛，她讓人深切的感受到生命鬥士的堅毅與勇氣。除了網路上的串聯祝禱外，校刊也做了專題來探討生命教育，甚至在畢業典禮上，也可以看到家彣留下的感動。

珍愛生命

「LOVE LIFE珍愛生命・永不放棄」短片裡，旁白是這樣說的：

「如果你的生命，只剩下一點點，你會用什麼態度去面對？」

「他們的癌細胞已經擴散到全身上下了……但是他們對生命的愛，卻是永無止境。」

「在人生當中，難免遇上失敗與挫折，但跟這些孩子所面對的狀況比起來，你是否應該更珍惜生命……」

「如果生命可以交換的話，你願意跟我換嗎？」

「當你覺得寂寞孤單，你的心將要破碎……要記得這些孩子正在為你禱告。」

「請你幫我們好好活著，好嗎？」

好嗎？

這樣道早安，太有趣了！

校長大人說：「也只有你想得到這種方式，雖然很好笑，但真的滿有效的。」

學務處的組長大約一個月會輪一次晨間導護，那就必須要六點不到就起床了，雖然很想賴在被窩裡面繼續賴床，但想到學生都會興高采烈的跟我打招呼，我甘願的起床上學去。

這陣子，終年熱到半死的高雄連續來了幾次寒流，冷冰冰的空氣有如海嘯般湧了過來，這時要學生離開溫暖的被窩來學校，想必都十分不情願吧。因此，每個進校門的學生不是睡眼惺忪，就是凍到不想跟我打招呼了。

沒禮貌，竟然敢剝奪我一早的樂趣，真是不可原諒。

沒關係，學生不打招呼，那我先打招呼總可以吧。說不定他們會突然良心發現跟我道早安，沒想到……學生還是愛理不理的。

這種情形讓我十分受傷，但受傷歸受傷，總不能強迫每個學生進門一定要打招呼吧。

隔天早上，我在脖子上掛了一個大大的牌子，上面寫著：「早安」二字……

每個進門的學生都忍不住笑了出來，也順理成章的會跟我問早了。

或許是這樣的舉動實在很無厘頭，有不少學生與老師竟然把我當成觀光景點，紛紛拿出手機及相機拍照。

每天如果都掛一樣的字不太有創意，為了邁向國際化，隔天改掛「Good morning」的英文。

再來就是要本土化了，所以掛上「勞早」的閩南語版，當掛得正高興時，有教師偷偷的跟我說：「閩南語的早安要寫成『敖早』喔，不可以直接這樣硬翻啦。」

最後一天，既然學生都會自動的跟我請安了，我想那就來個不一樣的吧，來個硬翻的日文「喔嗨唷」好了。

用校長大人的話作個總結：「也只有你想得到這種方式，雖然很好笑，但真的滿有效的。」

其實，掛著狗牌站在校門口，面對人來人往的民衆，還真的滿丟臉的說。

超震撼的表演藝術課

藝術本來就可以很生活化的，可以呈現沛然不絕的動感，全力釋放生命的能量，這不正是學生們目前很欠缺的東西嗎？

學生看得好興奮？

由於我上表演藝術的地方緊鄰著輔導室，所以常常會有教師很好奇：「怎麼學生上你的課都很快樂？」

沒啊，因為在玩啊。就是有兩個學生在耍寶，他們吵著要表演「火影忍者」裡的我愛羅用砂瀑送葬與小李用表蓮華對打，於是大家都樂歪了而已。

這次卻很納悶的問我：「你們在拆教室啊？」

相片轉載自 www.stomponline.com/news.php

「沒啦，只是學生看得很興奮而已。」

「你到底給他們看什麼啊？」糟糕，我好像講了什麼會讓輔導室誤會的話了。

「STOMP」的影片中使用了各種現代的日常用品，如掃把、垃圾桶蓋、籃球、鍋碗瓢盆等來演奏，這種了解並抓住所發出的聲音特質深深吸引學生的注意，為了讓學生能聽清楚這種金鐵交鳴的迷人樂章，我把視聽教室的音量開得霹靂大，於是引來了關切。

我希望表演藝術課能超越任何

相片轉載自 http://performingarts.ufl.edu/

有形的疆界，學生能在舞台上化身為演奏家、舞者、演員或小丑，最好也能融合了馬戲、默劇和音樂效果的表演形式，這剛好跟STOMP表演型態有異曲同工之妙，其實藝術本來就可以很生活化的，可以呈現沛然不絕的動感，全力釋放生命的能量，這不正是學生們目前很欠缺的東西嗎？

阿倫老師，你對學生做了什麼？

只是，這次的表演藝術不知道是成功還是算失敗，有老師跟其他的學生紛紛來問我，我到底對學生做了什麼，怎麼大家看到東西就拿起來乒乒

乒乒乓乓的亂敲……

其實我還滿想做的是：找一天集合訓練好的四個班級，把教室的講桌、課桌椅、垃圾桶及掃地用具都搬到操場（對了，還要外加一把電吉他），趁學校的「大人」還沒注意到時，熱熱鬧鬧的給玩上一段。

有一天我一定會這樣玩一次。

附註：後來，在音樂老師小阮阮的努力下，學生真的完成了這場表演，我愛死這段，超有震撼效果的。

在這裡要跟衛生組長道歉：很抱

歉，敲壞您不少垃圾桶（但請您自行報帳，我是不會付錢的）。

感謝音樂老師寫的鼓譜，只是它到現在還完全不認識我就是了。

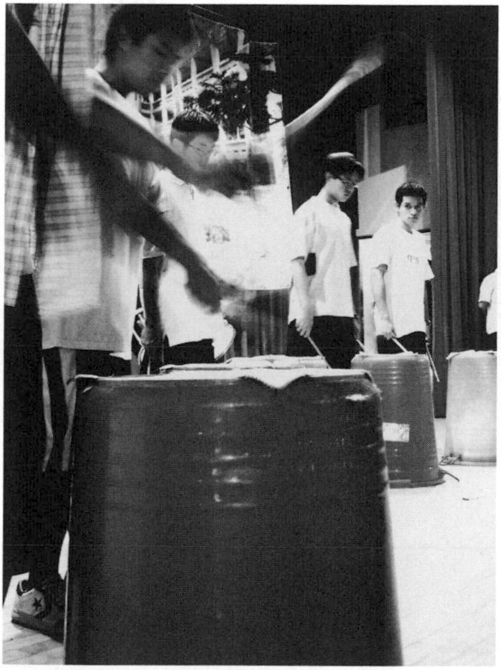

值得思考的教師特權

讓老師插隊買便當這回事，看似小事，也似乎體現了尊重老師的美德，但從教育的目的看，教師特權的負面影響大，尤其是有學生在場時。

買便當

我不曾插入別人有序的隊伍中；我也拒絕別人隨意橫插進我的前列，無理地剝奪屬於我的權益。

偏偏有時候這種狀況難免會遇到，而且很難說什麼……

晚上我還有補校要上課，由於白天的工作忙完，常常都已經快六點了，而六點半補校就開始，也不方便到哪裡好好的享用一頓美食，因此通常跟警衛借腳踏車到附近買晚餐，半個鐘頭要買、要等，還要吃，其實時間上有點勉強，因此捨棄麻煩的食物，只要是短時間內可以給我的就行了，後來發現點炒飯最快，於是火腿蛋炒飯、蝦仁蛋炒飯、肉絲蛋炒飯就依序輪流混搭著吃。

但在學校附近買東西有個要命的缺點，就是常常會遇到學生熱情的跟你打招呼，於是商家跟民眾都知道你的職業，然後老闆娘就開口了：「老師還有課，比較趕，先做給他。」

這句話很具說服力，民眾也都贊同，但偏偏我就是覺得怪怪的，因此婉拒這份好意：「不用啦，我還是排隊就好了。」

通常這時就會有人開口：「少年欸，晚上還要上課，這麼辛苦，先給你啦。」

這時一個便當已經遞到我面前，而所有人都在看我，我也只有飛快的付完帳，一溜煙的逃回學校，總覺得應該會有人在心底咒罵我耍特權吧。

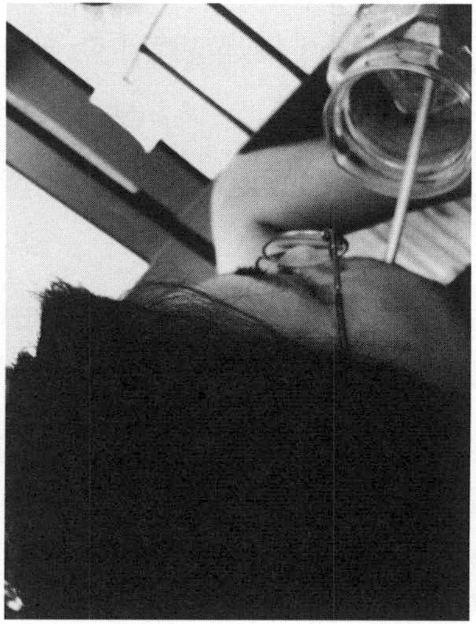

買飲料

我很愛喝冷飲，冷飲店在南台灣，就像咖啡店在巴黎，幾乎到了「三步一小間，五步一大間」的地步，十元至二十元的冷飲幾乎佔據了半壁江山，價格一直這麼便宜，或許是因為攤販眾多，競爭激烈，也或許是主要消費者是青少年，因此價格要定得實惠些。

我一天最少固定會去消費一次，但卻越買越遠，這個情形和買便當有點類似，因為在買的同時會遇到學生，商家就很自然的又發現我的職業了。

我們學校附近的商家都十分具備尊師重道的精神，所以一聽到我是老師，就會偷偷的幫我加料……

我買綠茶，拿到的是珍珠綠，或是金桔檸檬綠，當然也可能是椰果凍奶綠……而且還加量不加價。我總覺得看在學生的眼裡，他們應該會覺得不公平，認為老師為什麼就可以有特權呢？

這害得我越買越遠，後來我發現只有一家不賣帳，就是清心冷飲站，他們的價格比一般店家來得貴，但由於冰塊加得超多，又用保麗龍杯裝，喝完還可以再裝兩次開水當冰水喝，也還不錯啦。

感想

讓老師插隊買便當這回事，看似小事，也似乎體現了尊重老師的美德，但從教育的目的看，教師特權的負面影響大，尤其是有學生在場時。

教育的目的之一就是要培養學生公平、公正、平等的理念，但諸多對教師的特權，正好違背了平等、公正的原則，儘管學生當下沒有說出口，但在他們的心裡，也許已埋下了不公平、不平等的種子。

教師理所當然應為孩子做最好、最全面的表率，在我們的傳統觀念與思維中，卻多數局限於文化知識的表率，而諸如公平、平等之類理念的表率，是做得很不夠的。

教師特權，本來就不代表尊師重道，而且還會造成很大的負面影響，不如不要好了。

而且，我比較喜歡喝純綠茶或純青茶，不要再給我加料了啦。

當大白熊對你說早安

我若是抱著一隻布娃娃到校門口，學生應該會覺得有趣而願意主動問候吧！
於是，一隻大白熊就跟著我出現在大門口……

行政人員在暑假期間開了不少的會議，校長很明確的要求了一件事，就是希望學生能夠有禮貌，首先從早晨進校門的問候開始，這其實是針對一年級新生而言的。

當我值週時，大部分的二、三年級都會熱情洋溢的向我道早安，但剛進國中的新生常用漠然的表情看著我，只有少數人會彆扭的回應一句早安，更遑論會主動打招呼，這或許是因為不熟悉的緣故吧。

口頭問候式的招呼應該是最簡單的，我以前還遇過令人更尷尬的經驗呢。

我在英國時曾經跟一位土耳其室友住了好一陣子，每次要跟他打招呼時，都要自我建設好久，畢竟兩個大男人握完手後，用左臉頰貼對方的左臉頰隔空啾一下，之後再用右臉頰貼對方的右臉頰隔空啾一下，這種招呼的方式讓我一直都無法適應，尤其是搞錯了臉頰的方向順序，就會發生嘴唇與嘴唇相撞的慘劇了。

打招呼是一個最簡單，卻也是最迅速的溝通橋梁，不僅能讓對方第一時間內感受到自己的善意，同時也讓自己能以更熱情積極的態度去面對生活。

但如何讓學生培養這種好習慣？著實也讓學校頭痛不已，利用記過或是記缺點來全面強迫是最簡

單的方式，但這樣很容易造成學生的反感，也違背教育的意義，於是，我曾經做過滿丟臉的事情來誘騙學生（請見本書〈這樣道早安，太有趣了！〉）。

後來在「老ㄙㄨ的部落格」中看見一篇文章，大意是流浪教師的精神領袖阿旺師曾經利用一隻小猴子設計出「導護猴阿旺」的故事，（阿旺師的部落格：住手，放了那個女孩！）感覺上相當有趣。

我想若是抱著一隻布娃娃到校門口，學生應該會覺得有趣而願意主動問候吧。

於是，一隻大白熊就跟著我出現在大門口……

這隻大白熊果然讓學生覺得很新鮮，主動

打招呼的習慣也很快就被建立起來。

平常大白熊不執勤時都在學務處裡休息，偶爾也會幫忙做一些宣導的活動，學務處中的未來準教師也常常幫它做各式各樣不同的造型……

一早打招呼是建立和其他人初步良好的關係，相處起來也較能得心應手，因此，無論是學生還是教師，都請放下自己的身段，每天都勇敢與人打招呼吧。

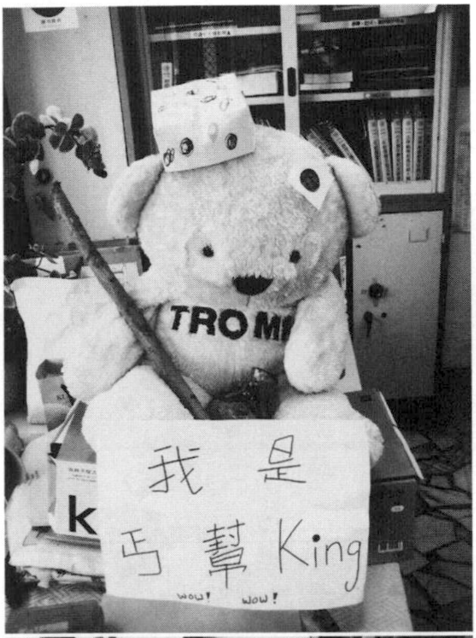

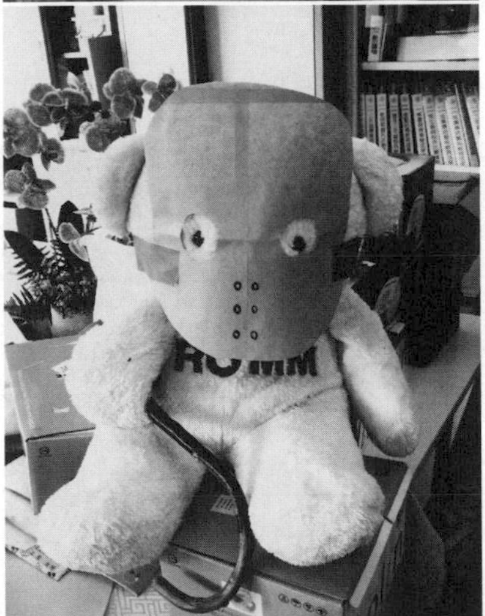

城隍遶境

我心想這群學生興致正高，若是禁止，他們絕對會在私下繼續搞鬼，既然如此，還不如在視線可及之處集中管理，於是我說道：「要出巡可以，但路線只能限定在學務處前面。」

正當大家滿足的在享用營養午餐時，學務處的分機鈴聲大作。

「阿倫老師，你可以到四樓來處理一下那些二年級的學生嗎？」

這群二年級學生是學校中有名的牛鬼蛇神，不但同學不敢隨便招惹他們，就連教師也避之唯恐不及。

或許有人會納悶，他們也不過是國中生而已，有什麼好怕的？

那是因為很多人很難想像，現在的國中生究竟可以離譜到什麼程度。

當我馬上丟下午餐來到四樓，才發現走廊上熱鬧到不行。

原來這群二年級學生之前就到處張貼告示，大意是城隍即將出巡，因此許多學生都跑出來看熱鬧……

我對這群學生熟悉到不能再熟悉了，這還是他們第一次人畜無害的行為。而且好像還頗有創意的，既然如此，就不要太過嚴厲了。

只不過台灣的民間習俗是：

「三月瘋媽祖，五月看城隍」，現在也不過是四月底，是城隍提早出巡？還是為了五月的活動做準備啊？

隨侍在城隍兩旁的是大家很熟悉的七爺、八爺，也就是我們常說的黑無常及白無常，也稱為「范謝將軍」。這些學生利用美術課的材料製作而成的三尊神明，雖然精緻度不足，但完成度大致上還算可以。不過，不管是七爺還是八爺都是沒有鬍子的，這點學生可能沒有注意到。

看到我走向他們，這群學生不知道真的是神明加持，還是被上了身，竟然沒有一哄而散，反倒十分興奮的跟我報告：「我們正在起駕出巡。」

「難怪原本的壞天氣瞬間撥雲見日、飄雨停止，原來是城隍遶境啊。我現在是應該祈福稱頌、祝禱平安呢？還是應該來個鑼鼓喧天、炮聲齊揚啊？」我不忘揶揄一下他們。

學生：「……」

我心想這群學生興致正高，若是禁止，他們絕對會在私下繼續搞鬼，既然如此，還不如在視線可及之處集中管理，於是我說道：「要出巡可以，但路線只能限定在學務處前面。」

於是城隍臨時更改預定路線，一群學生很高興地來到學務處前，準備起駕。

就看到一群小笨蛋在正中午的豔陽下蹦來蹦去，他們腳步歪歪斜斜的不成章法，我便開始嘟囔：「到底可以起駕了沒啊？」

一個學生解釋：「沒辦法，因為刺球被你沒收了啊。我們要用那個打頭才能請神明護體啦。」

「你們把神明綁在椅子上，最好拿刺球打頭，神明會上身啦。這種對神明大不

敬的舉動，絕對會遭到報應而頭破血流的。」我打定主意不把刺球還給他們。

於是，這群學生在沒有神明可以附體的情況下，差一點沒給他中暑去。

在學生跳得差不多後，我慢條斯理的對著他們說：「剛剛城隍告訴我，他對你們的表現很不滿意，所以……」

這群學生整整刷了一下午的地板。

不是我罰他們刷的喔，是城隍爺有交代。

城隍爺果然是體察民情、賞善罰惡啊。

Chapter 4

孩子愛・上學

走！到樹下上課

該如何讓學生把心神從文字之書抽離出來，用心和眼去與世界相遇呢？
我只說了一句話：「走吧！我們到樹下上課。」

「這世界並不缺少美，它缺少發現。」雕刻家羅丹曾如此嘆息。

看著窗外的阿勃勒，整樹的金黃本是屬於夏季的焦點，但高雄的氣候讓阿勃勒在秋天依舊令人驚豔，我隨口問了一句：「有誰會拿著一本課外讀物到樹下閱讀的？」

「為什麼要到樹下看書啊？」學生不解的問道。

我沒有回答，此刻，看著第六課〈世界是一本大書〉的課文寫道：

當我們閱讀，請不要忘了抬起頭來，走入生活，也去讀一讀世界這本大書。無一處不山水，每一瞬皆文章。只因為我們眼睛所接觸的事物，都是閱讀的對象，都是——書。

——文章節錄自陳幸蕙的《青少年的四個大夢》

在教室中即使說破了嘴，學生壓根兒無法體會世界是一本大書的道理。

對於國中生而言，讀書就是牢記課本。而陳幸蕙在課文中揭示另一種更為寬廣的閱讀，就是以一顆活潑的心，去體察、感受人世間的萬事萬物。

該如何讓學生把心神從文字之書抽離出來，用心和眼去與世界相遇呢？

我只說了一句話：「走吧！我們到樹下上課。」

這樣的方式有些難題需要解決，最大的問題點在於音量不足，大聲公雖然可以作為補強，但也破壞了輕鬆的氣氛。

在樹下上課的確是令人愉悅的，光是微風緩緩吹過樹梢，就能使學生的笑靨輕輕揚起。陽光透過林葉，金黃色的阿勃勒飛舞在耀眼的陽光中，也讓學生黯淡的眼神增添一抹詩意。

既然希望學生把心神從文字之書抽離出來，用心和眼去與世界相遇，做一個「全方位閱讀者」，講課就顯得有些多餘，於是放下了手中的課本，我與學生就靜靜的坐在那兒，尋找那似乎快被遺忘的寧靜與感動。

這一堂課，就請註冊股長在進度表上寫下「悠閒」囉。

藉朱自清的〈背影〉體會感恩

〈背影〉這一課主要是希望學生能體會到親情後而感恩，於是我給了學生一份作業，也就是觀察家中的長輩，將最有印象的背影畫出來，畫完之後請長輩過目，然後我們將在課堂中分享。

朱自清的〈背影〉是國中國文科的扛鼎之作，一千五百字的散文細膩且深刻地描寫父子之情，真摯的情感讓人動容。

話雖如此，但大部分讀者最有印象的應該是朱爸爸在月台爬上爬下買橘子的那段：「父

親是一個胖子，走過去自然要費事些……我看見他戴著黑布小帽，穿著黑布大馬褂，深青布棉袍，蹣跚地走到鐵道邊，慢慢探身下去，尚不大難。可是他穿過鐵道，要爬上那邊月台，就不容易了。他用兩手攀著上面，兩腳再向上縮；他肥胖的身子向左微傾，顯出努力的樣子。這時我看見他的背影，我的淚很快地流下來了。」

但或許，學生根本只對「父親是一個胖子」這句有印象而已。

〈背影〉這一課對我來說是十分有利的一堂課，我只要把自己的長袍馬褂穿到學校就足以引起學生的興趣了，但偏偏我卻很討厭這樣做，因為四月份的高雄熱到讓人想抱著冰塊上課，穿著長袍馬褂無疑是件自找麻煩的事。

但考慮到現代學生對於長袍馬褂是很陌生的，於是我也只好冒著中暑的危險來示範，而既然教師都這樣犧牲奉獻，那做學生的勢必也得犧牲一

長袍起源於滿族
是長及腳跟的棉袍或夾袍
特點是交領右衽

下，那就是，胖小子給我去爬窗台來示範父親上下月台的辛苦。

玩歸玩，〈背影〉這一課主要是希望學生能體會到親情後而感恩，於是我給了學生一份作業，也就是觀察家中的長輩，將最有印象的背影畫出來，畫完之後請長輩過目，然後我們將在課堂中分享。

有些學生將熟悉的形象直接畫下來，從圖畫中不難發現，大多數的父母仍有著儼然不可親近的形象，不過在很多孩子的記憶中，這樣的背影卻有著令人安心的感覺，有位學生寫道：「父親因為工作的關係已經累了一整天，所以當他坐在床上看著電視，對爸爸來說是一大享受啊。」

我想這位父親應該是又驚又喜吧，因為回應是：「這真的是我嗎？老爸的背影看起來就像一首台語歌——《爸爸親像山》。希望我的兒子啊，長大以後也要成為一個『親像山』的好爸爸，能有責任感，能讓家人感到溫暖，老爸相信你會做得更好。」

也有學生印象最深的是長輩工作時的背影，這跟我對於父親的印象十分相同。我的付親在大學中任教，每當我放學回家後，父親的書房總透露出稀微的光芒，在昏黑的房間慢慢的暈開，這光彷彿不斷在告誡著我：老子我都這樣唸書了，你這個學生也應該自動一點吧。

或許每一個父母親都還是希望孩子能努力唸書，因此當學生家長看見孩子的圖畫時，也寫下了自己的期許：「女兒觀察到爸爸蹲著整理垃圾的背影，希望她能體會爸爸的辛勞而努力讀書，同時能分擔家務養成勞動的習慣（這一點她還做得不錯，請老師鼓勵她）。」

好的，我會的。

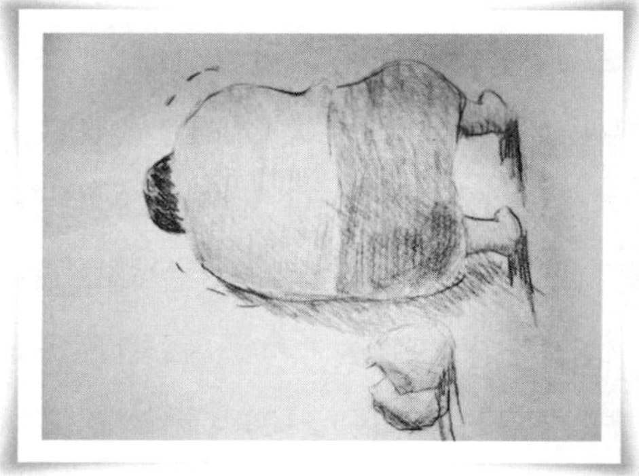

除了家長的回饋之外，也有學生做了很棒的分享：「上了國中之後，每當我看見父親時，竟然都是他正要上班的背影，仔細想想，我已經很久沒有跟爸爸好好聊

過天了，我知道他每天辛苦的工作都是為了我們，所以，我一定要找一天好好的向父親表達內心的感激……」

由於社會景氣不佳，越來越多的父母汲汲營營於工作，無非是希望讓孩子有安定的生活，但也導致無暇陪伴與關心子女，對於子女的想法、價值觀也缺乏時間關心，漸漸與孩子之間有一道無形的藩籬，相對的，孩子對父母的熟悉度、認同感也越來越模糊，最後甚至不願意與父母交談，這樣的結果，應該不是為人父母的初衷吧。

關於朱自清的〈背影〉一課，我這樣的上課方式實在很浪費時間，但偏偏我就是愛。與其要學生數朱自清究竟哭了幾多次，以及詢問每次哭的情況怎樣，甚至是朱爸爸穿什麼顏色與材質的衣服，我還是寧願多花時間在體會感恩這件事上。

還好最近頗尊重教師上課的專業自主權。

畢旅大改革

讓學生在旅行中學習探索，在與同學互動中發現自我，順便帶著相機記錄著記憶的軌跡，這樣比起固定的369行程將有意義許多。

畢旅的意義

為了畢業旅行，我從去年就開始計畫了。

但畢業旅行需要提早半年規劃嗎？當然不是啊，是需要一年前就開始規劃。

算算時間我已經晚了好幾個月

了。而為什麼會拖這樣久，其實是有內幕的。

台灣國中目前的畢業旅行，大致上都交由廠商外包，三天的行程有兩天是在遊樂區度過，因此369成了不變的定律，也就是雲林的劍湖山、新竹的六福村及南投的九族文化村三個遊樂區。

以南部地區的國中為例，大概的規劃是兩天在遊樂區度過，另外一天就在台北縣市亂逛。國小是這樣的行程，國中接續，到了高中也不太可能有變化，同樣的景點，改變的只是身旁的同學與帶隊的師長罷了。

這樣的現象讓一些家長很不以為然，如果行程都一模一樣，那畢業旅行的意義到底是什麼？

其實家長並不知道這完全是學校依據學生投票出來的結果，畢竟遊樂區比較刺激，若是要學生參觀具有歷史意義的故宮，可能會看到一堆學生坐在翠玉白菜旁邊打著撲克牌……

在西方的價值觀中，旅行絕不只是代表玩樂而已，早期的教育旅行源自歐洲貴族學校，學校利用校外教學活動的規劃，達成某種程度的教育目標，順便還能促進師生及同儕間的感情，除了可以達到合群之外，學生也可在旅行中培育出獨立、自主、積極、冒險等人格特質。

漸漸改變

既然畢旅可以達到這樣多的功效，那麼反思現在的畢旅生態，明顯缺乏實質的教育意義，所以其實是需要做些調整的。

但改革需要循序漸進，太過急躁有時反而會顧此失彼，於是我先從第二天的台北行程下手，偷偷將台北科學教育館與天文館置換進去……

實施的結果發現，學・生・根・本・沒・發・現。

連續兩年小換景點的結果並不是很令人滿意，因為最根本的遊樂區行程仍然沒有解決，於是，今年花了許多的時間在做說服的動作，漸漸地，大家都開始接受我的建議，那就是只保留一個遊樂區，其餘的景點均以具有教育性質的為考量，最後我擬定了一個全新的行程：

第一天：學校出發→沿途停靠休息站→苗栗南庄或新竹內灣、北埔→雪山隧道→住宿宜蘭→夜間行程（放天燈、打陀螺、搓湯圓）→飯店。

第二天：飯店→羅東運動公園→宜蘭傳統藝術中心→木柵動物園→基隆廟口→住宿台北。

第三天：六福村→沿途停靠休息站→返回學校。

這樣的安排應該會獲得大部分家長的支持吧。畢竟讓學生在旅行中學習探索，在與同學互動中發現自我，順便帶著相機記錄著記憶的軌跡，這樣比起固定的369行程將有意義許多。

我希望一切都能夠如預期般的順利。

我的OS

369行程偏重玩樂，或許能夠強烈的吸引學生，但在實質的意義層面上就顯得貧乏，而且還有一個很嚴重的缺點。

這個缺點就是：我玩到怕了。

每年畢旅都去固定的景點，或許對於學生而言沒有什麼，但對身為訓育組長的我就沒有這樣新鮮了。

有些教師在369樂園中會躲在一邊喝著咖啡看學生尖叫，但我卻是喜歡跟著學生排隊玩設施，只不過，在玩過二、三十遍後，我開始也會躲在一邊喝著咖啡看學生尖叫，偏偏學生就是不放過我，只要一發現我在附近，馬上會很熱情的邀約：「阿倫老師，我們去玩笑傲飛鷹。」

「不要啦，我已經玩過很多次了。」我說的可是事實。

「騙人，你一定是不敢玩，在牽拖。」

只見一個眼色後，身旁的同學馬上會意，一人一邊把我架住，然後連拖帶拉的上了遊樂設施。

既然已經被拱出來，那就配合他們一下好了，當機器開始運轉後，就會看到一個莫名其妙的老師很假的在鬼叫：「救命啊！救命啊！救命啊！好恐怖喔！」

好不容易等到機器停下來，正在排隊的學生對著準備離去的學生大叫：「不要讓阿倫下來啦。」這時就可以看到學生徹底發揮尊師重道的精神，紛紛讓出一條走道，就看到一個教師被人從出口處飛快的架到了入口處交接，效率之高真令人嘆為觀止。

好吧。那就再應付一下來鬼叫：「救命啊！救命啊！我好害怕喔！」

第三次：「救命啊！我可不可以休息了！」

第四次：「……（拿出手機來打電動）」

第五次：「……（手機電動創下最高紀錄）」

第六次：「救命啊！我想下去了！」

第七次：「救命啊！救命啊！饒了我吧！」

第八次：「救命啊！救命啊！救命啊！等等回去通通記過！」

等到機器一停下來，就看到一個腎上腺激素異常發達的教師拔腿逃命，好不容易剛喘了一口氣，就聽到有學生說：「阿倫老師！我們去玩急流泛舟！」

「不要啦！我已經玩過很多次了……」我話都還來不及講完，學生就馬上打斷：「騙人，你一定是不敢玩，在牽拖。」然後就連拖帶拉的上了遊樂設施。

這才是為何我堅決反對繼續玩369行程的主要原因……

呵，訓育組長真不是人做的。

學生的不良坐姿

許多學生喜歡將椅子翹得老高，然後用後面的兩隻椅腳平衡，一節課就在那邊搖來晃去的，就算沒把椅子晃壞，也夠讓台上的教師頭暈了。

各種坐姿

走進教室，發現有兩個學生坐在童軍椅上，莫非現在是《危險心靈》的現實版嗎？

學生看到我疑惑的表情，連忙解釋：「都是因為正妹太胖了，所以把椅子坐壞了。」

「才不是呢，是因為他一直在椅子上搖啊搖，所以才把椅子搖壞了。」

這樣的說明我馬上能夠明白，許多學生喜歡將椅子翹得老高，然後用後面的兩隻椅腳平衡，一節課就在那邊搖來晃去的，就算沒把椅子晃壞，也夠讓台上的教師頭暈了。

除了正妹這種坐法外，最常見的是趴趴熊上身，不是趴在桌面上寫字，就是歪著腦袋斜眼看書；再來就是一枝原子筆咬在嘴中，彷彿中風病患般的不停抖著二郎腿；最誇張還看過有學生把腳蹺在桌子上的，也有女學生兩腳開開的蹲坐，這種日本暴走族的坐姿，讓師長實在不知道該把目光放在何處。

即使被糾正不下數次，學生仍是認為坐姿只求舒服，美不美觀的問題就不必理會了。

不良坐姿的後果

其實，並不是自己感到舒服的坐姿就是好坐姿。不良的坐姿如果持續很久，就會開始在頸部肌肉堆積一些不必要的代謝廢物，再加上肌肉與骨頭交接點之間的拉扯，久而久之就會發炎，然後導致頸、背部持續的負荷，使背部肌肉、韌帶長時間受到過度牽拉而受損，從而引起原因不明的腰痛。

學生最常出現的趴趴熊坐姿，這樣斜靠或趴在桌上會使雙乳處在擠壓的支點上，如果受桌沿等硬物壓迫近一個半小時，可干擾乳腺內部的正常代謝，造成不良後果。尤其是女孩子，小心這樣的坐姿讓你胸部下垂變形喔。

至於二郎腿也能蹺出病，因為雙腿互相擠壓，還會妨礙腿部血液循環，久而久之，就造成了腿部靜脈曲張，嚴重者會造成腿部血液回流不暢、青筋暴突、潰瘍、靜脈炎、出血和其他疾病。

至於把腳蹺在桌子上的，就請小心不要來個後翻被送往醫院，而雙腳開開蹲坐的女生，請留一些給人探聽好嗎？

正確的坐姿應是上身挺直、收腹、下頷微收，兩下肢併攏，如坐在有靠背的椅子上，則應在上述姿勢的基礎上盡量將腰背緊貼椅背，這樣腰椎部的肌肉不會疲勞。學生喜歡長時間在電腦前玩遊戲或是聊天，也請確保坐著時整個腳掌著地，經常伸展腿部並改變腿的姿勢。

至於正妹，請記得到總務處拿回修理好的椅子啊。

穿學生服的阿倫老師

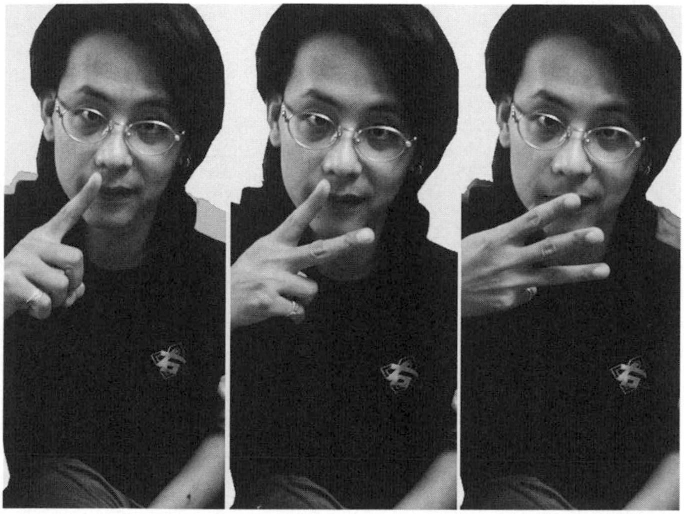

有位老師提出一個疑問：「這樣的衣服穿起來舒不舒服？」

耶？檢驗的報告書裡面只會提到合不合格，至於舒不舒服要怎麼檢驗啊？

「試穿一年不就知道舒不舒服了。」我直覺回答。

我剛踏入教職時幾乎都穿T恤加板褲，最近幾年卻改穿起學生服。

我們學生服分為三種形式：制服、運動服和紀念T恤，我最常穿的是其中的運動服。

說起這套運動服可是大有來頭，以下是產品介紹：

運用三色拼接的特殊方式塑造設計感
滿足每位學生最真實的穿著時尚感受
吸濕排汗衫保證透氣舒適
特殊剪裁展現最自然的身型
有愉悅的黃色
恬靜的綠色與熱情的紅色可供選擇
走在最流行的前端時尚最新入荷單品
雖然找不到藝人肯幫忙代言
但右中仍舊誠懇向各位新生推薦

（阿倫因為廣告不實而被毆飛⋯⋯⋯）

通常要認識一個人，往往都是從外表開始，漸漸才能接觸到內在，學生剛開始面對教師時，也是先從教師的穿著打扮來揣測其個性，如果教師的打扮很流行，那麼課堂間應該比較活潑；如果教師的穿著很保守，那麼授課上可能就比較傳統。但如果教師穿的是學生服，那究竟屬於什麼個性？

＝＝＝＝＝＝＝＝＝以下是阿倫會穿學生運動服原因的分隔線＝＝＝＝＝＝＝＝

我曾經當過學校合作社的經理，合作社最重要的工作就是替學生的安全把關，每項產品除了需要通過國家檢驗之外，還有許多細節需要注意，在眾多商品之中，金額最為龐大的莫過於制服的販售了。

目前國中的制服已不似早期千篇一律，新生家長面對各校多樣化的設計，不免擔憂起制服的舒適度及吸汗性如何，不過要認可制服販售的合作社理監事同樣也會擔憂，因此審核過程便格外嚴謹。

在審查的過程中發現，制服若是台灣製造，通常染料比較不會出現問題，出問題的產地通常以中國大陸居多，但台灣的衣物有時會被驗出游離甲醛與可遷移性螢光劑，這兩種物質都是容易附著在皮膚上的「毒性」物質，輕則造成過敏、紅腫的現象，重則有致癌的危險。

為了保障家長與學生權益，合作社的理監事嚴格的要求成分百分比、材質、尺寸、款式、花色、合理報價……等，並於品質驗收時，請廠商附上公證公司之證明，甚至會要求經濟部紡織研究所協助校方開立關於學生制服之品質要求範本。

在層層把關之後，有位老師提出一個疑問：「這樣的衣服穿起來舒不舒服？」

耶？檢驗的報告書裡面只會提到合不合格，至於舒不舒服要怎麼檢驗啊？

「試穿一年不就知道舒不舒服了。」我直覺回答。

就這樣，我挖了一個洞讓自己跳……

我們學校的運動服分為三種顏色，恰巧與紅綠燈的顏色一模一樣，這三種顏色分別代表著不同的學級，假設有個新生是九十八學年度入學的，那紅色就是他們的代表，一跟就是三年，而隔年九十九學年度入學的新生就輪到黃色，依此類推，等到紅色那屆畢業，就又是重新的一輪了。

由於我那年教的學生是穿黃色，因此我順理成章的就跟著穿起黃色了，但這樣的舉動引起了其他年級的不滿，紛紛表示：「阿倫很偏心喔，都不穿我們這屆的衣服。」

為了公平起見，我只好依照年級各穿一次，這也造成學生看到阿倫都不叫老師，而是會看阿倫穿著的顏色來問好。

「學長，你拿著麥克風要去哪裡啊？」低年級學生天真的問道。

「同學，你為什麼沒有繡學號？跟我去學務處找生教。」阿倫怎麼會有學號？而且，阿倫不就是在學務處嗎？

「學弟，給不給學姐把啊？看到學姐要記得問好喔。」這是自以為老油條的學生會講的。

就這樣，我已經整整穿了四年多的學生服了，目前還在繼續中……

至於運動服究竟舒不舒服？
看在我可以穿這樣久的分上，應該就不用多問了吧。

訓練學生肢體的表演課

這次的表演課程是戲劇，我利用童話故事訓練學生的走位、動作、表情……

「阿倫老師，我媽媽說你要包個紅包給我們。」兩個女學生怯生生的走到我辦公桌旁說道。

「耶，為什麼？」又不是過年，我不懂為什麼要包紅包，而且還是家長提出來的。

「因為你要我們演死人。」一個學生小聲的說。

「我什麼時候要你們演死人了？」我實在想不起來有過這樣的課程。

「有啊，你要我演賣火柴的小女孩。」

「賣火柴的小女孩怎麼是死人？」小女孩不是賣火柴賣得好好的嗎？

「她最後死了……」對耶，最後面的確是這樣子的。

「那你又是哪個角色？」我問另一位女學生。

「我演賣火柴小女孩的奶奶，她一開始就已經是死人了。」

「……」故事中的奶奶只是幻影吧，但奶奶的確也過世了。

就這樣，我包了兩個紅包出去……

一般人對於死亡都有些忌諱，所以無論是電影、電視劇還是舞台劇等，只要演到有關死亡之類的戲碼，通常都會禮貌性的包個紅包給該演員以示尊重，順便也有去除晦氣的用意。

這次的表演課程是戲劇，我利用童話故事訓練學生的走位、動作、表情與道具使用等，其實沒有注意到：

小紅帽的大野狼被開膛剖腹了。

三隻小豬中的大野狼燙死了。

七隻小羊的大野狼野淹死了。
白雪公主的壞皇后痛苦而死。
賣火柴的小女孩凍死了。
人魚公主變成泡沫了。
傑克與豌豆中的巨人摔死了。
快樂王子最後被拆了，燕子死了。
糖果屋的巫婆被兩兄妹丟進湯裡煮。
阿里巴巴和四十大盜中的大盜被熱油燙死。

原來童話故事中死了這麼多人啊……
那我的紅包不就有得包了？
以後可能要換個方式上表演課了。

絕對不要讓學生演阿里巴巴，否則一次得包四十個紅包，四十個紅包耶。

Chapter 5
國文特訓

國文特訓——前言

由於日常生活中脫離不了國文，因此就算不讀書，反正題目與答案都是自己慣用的語言，就算隨便亂猜一通，分數應該也不至於會差到哪裡去。

這是許多學生最常出現的迷思。

如何提升國文？

我常常被問到：「要怎麼才能提升國文？」

這個問題有點沒頭沒腦的，對方到底是想問「要怎麼才能提升國文程度？」還是想問「要怎麼才能提升國文分數？」

兩者有什麼差別？

程度和分數間存在著某種相對性，卻不是必然性。例如國學大師余光中的文學造詣自然不在話下，但面對自己的〈車過枋寮〉所編寫成的測驗卷，應該沒有辦法拿到滿分；但可以在〈車過枋寮〉測驗卷拿到滿分的學生，卻也不見得可以寫出如同大師般的優美詩句。

這就是差別所在。

關於國文程度

國文是學生從出生後就不斷在使用的東西，換句話說，這也應該是學生運用最為頻繁的一科了，但為何每天都說國語、看文章、寫國字，卻常常在國文這一科失利呢？這應該跟學生的心態有關。

由於日常生活中脫離不了國文，因此就算不讀書，反正題目與答案都是自己慣用的語言，就算隨便亂猜一通，分數應該也不至於會差到哪裡去。

這是許多學生最常出現的迷思，甚至家長的心態也不外乎如此。明明知道國文是主科，甚至在月考時是比重最高的科目，但家長會讓學生去補英文、補數學、補理化，會想到要去補國文的寥寥可數，難怪國文程度無法大幅度的提升。

國文主要是希望培養出學生的文學造詣，這是需要日積月累的閱讀，以及自然純熟的寫作訓練才可達成，而這也是國文中主要的兩項能力。

也就是說：想要提升國文程度是沒有捷徑的。

所以，請多花一點時間在閱讀及寫作上吧。

關於國文分數

面對即將到來的基本學力測驗，若是跟焦慮不安的家長與學生坦承國文沒有捷徑，非得靠長時間的記憶與理解才可提升程度，那麼豈不是讓學生更容易放棄國文這一科了。

但以上所言乃是針對提升國文程度這件事，想要在短時間內提升國文分數卻是有訣竅的，這個密技就是「填鴨」。一個慘無人道、慘絕人寰、慘然不樂、慘不忍聞、慘不忍睹、慘不忍言的方法。

講到「填鴨」，乃是為了製作出美味的鵝肝醬所孕育而生的方式，為了讓鵝的肝臟在短時間內變得肥腴碩大，因此需經過一段時間以人工方式強迫大量灌食，雖然不甚人道，但結果是讓鵝肝醬的口感綿細柔滑，滋味香醇鮮美且餘韻悠長，也成為法國料理中的珍饈。

要在短時間內讓國文分數大幅度的躍進，就是讓每個學生都成為一隻隻的鴨子，然後再強迫背誦大量的重點，而這些重點是去除一般學校國文中所著重的團隊精神、正義感、道德良知、同理心等人格情操，再針對基本學力測驗的出題取向給予大量的測驗練習，如此一來，撇開學生的人格發展與學習興趣不談，保證能在分數上有亮眼的成績。

這樣保證有效嗎？

當然啊，不然補習班怎麼會這樣賺錢。

學生的自由意志怎麼辦？

不怎麼辦啊，製作鵝肝醬的人有經過鵝的同意嗎？

學生的未來會如何？

有人會在品嘗鵝肝醬時還想著那隻鵝怎麼了嗎？

嚴重警告

你準備好當鵝了嗎？

在灌食的過程中，根據作用機制的不同，將會在學生的心理發展上產生一系列不同的副作用，在此要特別聲明一下。

一般常見、輕微的副作用，例如睡眠不足、頭昏腦脹、心情煩悶等症狀，通常身體會慢慢適應而症狀逐漸減輕，但若症狀持續數天或更嚴重時，就請思考這樣的方式是否是自己所想要的學習，而不必等到灌食結束時，才跟家長反映。

但若產生不尋常的症狀，例如嚴重噁心、異常疲倦、喪失意願等影響日常活動之情形，建議應多休息或避免從事相關活動，也應盡快與家長或教師討論。

值得注意的是，最嚴重者將會對學習產生反感，不可不慎。

國文特訓——基測考題分析

想要在基測拿到高分，首先要培養「正確的閱讀」方式，才能夠推測出題者的意圖，然後選出正確的選項。

統計調查

既然要做頂級的鵝肝醬，那麼首先要知道顧客需求，因此我特別做了市場調查，現彙整九十年到九十七年基測的各項重點主題於後，可作為灌食前的參考依據，整理如左頁：

重點分析

經由統計，我們歸納出：字形音義平均每次考五題、文法修辭兩題、語氣判斷

（年度／學期）	字形音義	文法修辭	語氣判斷	句子構造	詞性判別	成語俗諺	應用文類	人物猜辨	文意分析	詩詞典故	語文常識	總計
90-1	4	3	1	3	2	2	2	1	23	1	4	46
90-2	6	4	3	4	3	1	2	0	19	1	5	48
91-1	5	3	1	1	3	0	1	2	30	1	3	50
91-2	5	2	1	1	2	3	4	1	29	0	2	50
92-1	4	2	0	2	4	1	2	2	26	1	3	47
92-2	6	2	2	2	1	3	0	4	26	2	0	48
93-1	5	3	0	3	4	3	1	5	20	1	3	48
93-2	7	2	1	3	1	3	1	2	23	0	5	48
94-1	5	3	1	2	2	3	1	0	28	0	3	48
94-2	5	1	0	2	2	1	1	2	31	1	2	48
95-1	6	2	0	3	0	1	1	2	30	0	3	48
95-2	5	2	0	3	2	1	1	1	31	1	1	48
96-1	5	1	0	3	1	2	0	1	33	0	2	48
96-2	5	2	1	4	2	3	1	1	27	0	2	48
97-1	5	2	1	3	0	3	2	1	27	0	4	48
97-2	5	2	2	2	1	1	1	2	29	1	2	48
小計	83	36	14	41	30	31	21	27	432	10	44	769

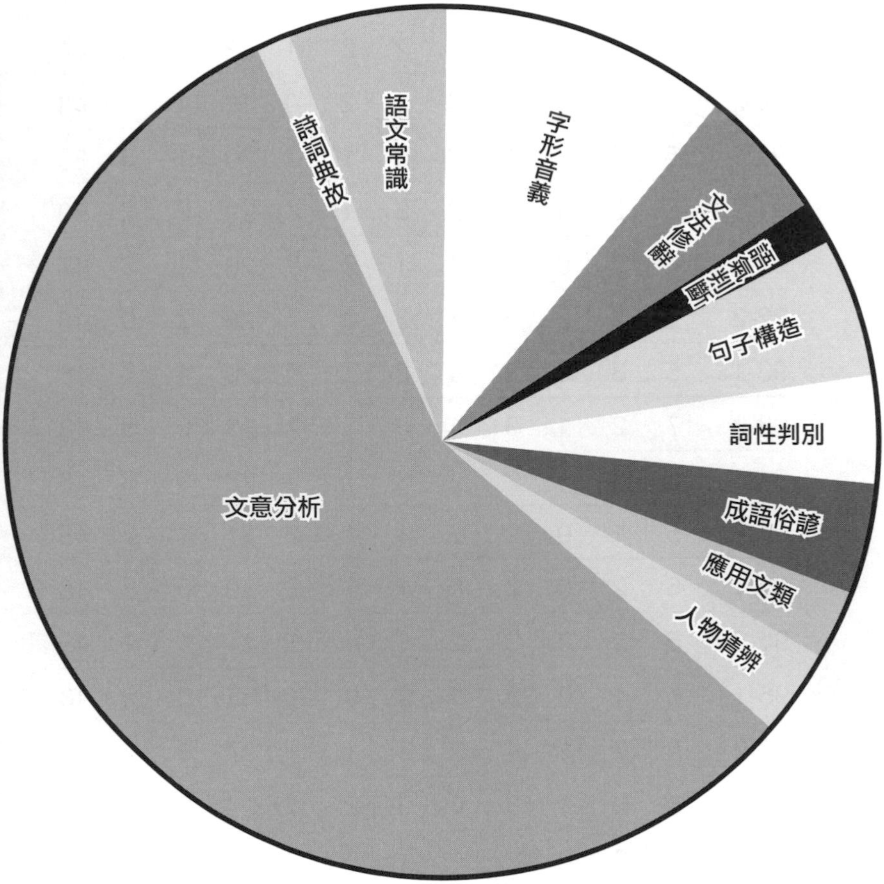
字形音義
文法修辭
語氣判斷
句子構造
詞性判別
成語俗諺
應用文類
人物猜辨
文意分析
詩詞典故
語文常識

一題、句子構造三題、詞性判別兩題、成語俗諺兩題、應用文類一題、人物猜辨兩題、文意分析二十七題、詩詞典故一題、語文常識三題。

從上述的圖表可以清楚發現，基本國文能力佔了五分之二，剩下的閱讀理解能力足足佔了五分之三，也就是說，文意分析類型的考題很明顯是基測的重點，題目廣泛且多元是命題特色，考生必須從閱讀中領會意涵或延伸，這需要某種程度的理解能力。

大致上除了九十七年的考題偏難之外，其餘的國文考題均屬於中等偏易，學生不管是使用哪一家的版本，只要熟讀課本與習作，大致上就能夠具備基測需要的基本能力與語文常識了，在作答上不會產生太大的困難。

若是如此，那麼為何國文分數依舊不理想呢？問題就出在閱讀習慣上。

國中三年至少也讀過七十多篇的課文，但大部分學生在課堂上都是被動的接受教師灌輸，只有少數學生會去思考究竟課文想要傳達什麼觀念，因此，對於大部分的學生而言，課文除了考試要考之外，其實是沒有多大意義的，只有少數常常自問「為什麼」的學生，才能從中磨練自己的思考能力，培養出深思熟慮的習慣。

也就是說，想要在基測拿到高分，首先要培養「正確的閱讀」方式，才能夠推測出題者的意圖，然後選出正確的選項。

「正確的閱讀」才是製作出美味鵝肝醬的王道。

國文特訓——基本題準備方向

現在語文常識類型的考題漸趨生活化，範圍無形中也變得多元，舉凡六書、標點符號等國學常識，往往變成考生在基本題型中決勝負的關鍵，而這些都需要學生上課專心聽講才能有所得。

所謂的基本題，大致上就是國字、注音、解釋、修辭、書信、應用文、六書等歷屆基測必考題型，其中又以「形音義」的比重最重。

雖然很多人都會抱怨注音符號常常改讀音，也會怕基測時會故意刁難，但目前那些有爭議的讀音，在最近的考題中已不復見，反而多以日常生活中常見的語詞為主，畢竟出題教師也不想拿石頭砸自己的腳，因此這個擔心是多餘的，所以也就不必鑽研過多艱難的語詞，徒生困擾。

相對的，學生常出錯的生字就必須要格外注意。坊間有許多參考書都已經將形似字做好統整，原則上已經很夠用了。

成語、俗諺有時佔的比重頗高，有時題目、題幹的選項也有可能出現成語、俗諺，甚至導致如果不懂成語，那麼可能連題目都無法了解的狀況。

成語、俗諺應該從國一就開始培養，最簡單的方式就是拿著一本成語辭典來啃，我以前唸的是一本黃色、一本藍色的那套（若是對這套成語辭典有印象的，應該都有一點年紀了吧）。若是時間來不及，至少要將重點放在同義詞和反義詞上，還有每個語詞的延伸與運用都要真正了解才行。

句型方面大致上只要熟記四種即可，也就是敘事句、有無句、表態句、判斷句等四大句型，一個很賴皮的分法就是：出現「動詞」為敘事句；出現「形容詞」的為表態句；出現「有、沒有」的為有無句；出現「是、不是」的為判斷句。

只要搞清楚這些句型的判斷重點，分數自然是手到擒來，但若記得原本的結構表是最好的，非不得已，請不要使用懶人法。

修辭方面也不會太刁鑽，只要冷靜看完題目，利用平時在課堂上訓練出來的語感，自然就會有正確的判斷能力。大致上比較容易出題的不外乎摹寫、轉化與譬喻幾項。

除此之外，四季節令、書信寫作、國學常識也不用太鑽牛角尖，這些題目通常很簡單，往往從題目中就可以推出答案，若遇到有些模稜兩可的選項，就按直覺去選，不必想得太複雜，否則反而會敗在簡單題目上。

現在語文常識類型的考題漸趨生活化，範圍無形中也變得多元，舉凡六書、標點符號等國學常識，往往變成考生在基本題型中決勝負的關鍵，而這些都需要學生上課專心聽講才能有所得。

我的良心建議是，請花一些時間在做考古題上，當你做完之後就不難發現，基測出的題型很多是大同小異。一旦習慣這些基本題型之後，請特別注意一件事：「想要在基測中得到好成績，基本題型是根本不容許有錯誤的。」

聽懂了，就趕快去背書吧。

國文特訓——文意題重點掌握

一般人面對文意題時都會先看文章再作答，其實應該先看題目問什麼，在閱讀題目時特別注意剛剛題目有提到的東西，然後把重點畫起來。

文意題是基測比重極高的題型，要確實拿到分數的重點在於閱讀理解能力。閱讀理解能力是一種複雜的心智及語言過程，這不僅僅是字詞的認識而已，更需要對整段、內容組織的理解，以及領悟作者言外之意的能力等。

這些掌握文意題的基本素養，實際上是沒辦法在短時間內創造出扎實程度的，若是需要在短期內有著投機取巧式的進步，就需要藉助坊間的參考書籍，然後主攻「各類整理」、「字詞比較」和「分析歸納」幾項。

這些年的基測題目可謂多元活潑，從傳統的文言文、白話文外，還有許多知名外國文學家的翻譯作品或名言，例如村上春樹的《遇見100%的女孩》、印地安小說《少年小樹之歌》，甚至中東詩人紀伯侖的《先知》、英國田園詩人華茲・華斯的詩，都曾被拿來命題。

基測中也不乏愛因斯坦、李遠哲和曾志朗等人的科普文章，由於這是國文科考試，因此並非要考學生的科學知識，而是要測試其閱讀理解能力。

除此之外，生活中只要可以運用文字的部分，都可能成為考試的內容，最特別的是這幾次的「工具使用說明式」的考題，曾經出題過的有手機充電器使用說明、電話語音訂票，到逾期電信費繳費辦法等。

由於基測是為了測驗學生「帶得走的能力」，因此，想要考好基測國文科，應增加閱讀廣度與深度。學生應養成隨時閱讀與思考的習慣，並實際在生活中落實運用才行。

雖然基測中的國文考題不會跟課本有直接的關係，但道理是萬變不離其宗的，重點多半是過往課本曾經提及到的觀念，很多沒做過、沒看過的題目，也可經由推論導出正確答案。

當面對文意題型時，通常每一段的第一句話或前兩句話都是重點，它往往會引出整段的討論。而在結論中，重點很可能放在最後一句，因此，這是需要特別留意的地方。

一般人面對文意題時都會先看文章再作答，其實應該先看題目問什麼，在閱讀題目時特別注意剛剛題目有提到的東西，然後把重點畫起來，甚至將關鍵字畫線或在段落旁寫下本段的主題，然後，根據標示的重點來答題，當然在腦袋中的關鍵字不會和內文的字一樣，這時只要找到同義的字詞即可。

記住一個重點：「每一題都有答案，絕對不要用猜的，答案就在題目之中。」

但文學基礎要打好才能找到答案就是了。

國文特訓──應考策略

白話文看似容易卻反而失分的原因，在於學生需要掌握試題的弦外之音，因此測驗的是讀出試題意圖的「閱讀力」。

基本學力測驗在快樂學習的目標下，國文科越來越著重閱讀理解，也逐漸取代以往需要靠記憶或背誦的試題，簡單的說，只要掌握「廣」、「淺」、「扎實」的原則，基測國文並沒有想像中的困難。

基測的國文大多以白話文出題，文言文部分也以九年一貫課程綱要作為依據，出題的比例大約只佔四分之一。雖然比重不算高，但著實也讓學生心生畏懼。

在分析基測試題後不難發現，文言文沒有想像中的困難，白話文也沒有想像中的簡單，因此，學生不見得會在文言文上中箭，卻往往在白話文上落馬。

既然文言文的試題有越來越簡單的趨勢，那就不能在這上面丟分。學生在面對頭痛的古文，其實還是有小技巧的，只要利用白話來記憶古文的內容與含義，那文言文就較為容易理解。

白話文的試題需要藉由細讀解答來熟練題型，文言文則是反覆練習基礎知識就可提升答題能力，畢竟古文大多只是闡述一個觀念而已，記得白話文也就差不多了。

白話文看似容易卻反而失分的原因，在於學生需要掌握試題的弦外之音，因此測驗的是讀出試題意圖的「閱讀力」。程度不好的學生讀不出試題背後的意義，程度好的學生有時越想了解題目就越容易鑽牛角尖，反而被選項誤導，應該直接讀取文意就好。

白話文的題目本身就藏有許多提示，答案通常依靠閱讀力就可判斷，尤其是閱讀測驗的題型更是如此。通常文章反覆闡述某種意義，答案就在這些同義的敘述前後，若是文章中有著「這是因為……」，或是「……的原因」，那就可以循著脈絡尋找答案，但這些都還是需要扎實的閱讀力，才有辦法掌握文章內容並理解重點，進而了解出題者的意圖，推測後才能做出正確的選項。

如何培養試卷的閱讀力？大致上有兩種訓練方式，一種是「針對某種單元不斷練習」，另一種是「按照自己規劃的進度表依序複習各課」。

這兩種複習方式究竟需要哪種參考書，面對坊間琳瑯滿目的選擇，學生與家長也相當頭痛，由於參考書之所以有「參考」二字，乃是輔助課本的不足之處，因此在觀念上大同小異。

一本好的參考書就可以囊括大部分的基礎題目，所以不用花錢買太多本同種類型的題庫，通常任課的國文教師篩選過的就可以了。

最後，千萬不要出現漏填答案或是劃錯格的狀況，國文科應該就可以拿到不錯的分數了。

重要的還是要花時間去讀。

國文特訓——作息規劃

大部分的考生可能都有挑燈夜戰的習慣，但考前一定要將生理時鐘調回正常狀態，因為基測可沒有午夜場。

進入國三的學生同時也進入衝刺階段，雖然密集性的學習可能會提高應考能力，但卻可能打破原有作息的規律，反而會影響到學生的心理健康、學習效率和考試分數的高低。

每個面臨基測的國三生都像是馬拉松選手，需要細膩及長期的規劃，若是一股腦兒的往前狂奔，可能還沒抵達終點就先累垮了。

雖然終點的目標相同，但每個人的狀況都有所不同，想要不斷累積與提升實力，必須依照自己的步調慢慢調整，找出適合自己的作息才好。

大部分的考生可能都有挑燈夜戰的習慣，但考前一定要將生理時鐘調回正常狀態，因為基測可沒有午夜場。

作息時間對考生是非常重要的，在考試之前應該有規律的作息時間，其中「正常作息、平衡身心、均衡營養」是規劃的主要方向。

一、正常作息方面：

作息方面最重要的一點就是「不准熬夜」。

國三生下課的時間大約是晚上六點，可以先吃完晚餐後小睡半個鐘頭，接著洗個熱水澡提振精神，洗完澡後到就寢前的讀書效果最好（當然這是在沒有補習的情況下而言的）。根據國三生的正常生理時鐘，晚上十一點就應該想睡了，因此，十一點至十二點之間就必須就寢了。

洪蘭教授曾經在研習會場提及一個觀念：有助記憶的大腦神經傳導物質，都是在睡眠的第四期（熟睡階段）分泌的；晚上睡覺時，可以將當天的短期記憶轉換成長期記憶，因為人在作夢時，同時也在進行去蕪存菁、活化更新、溫故知新的功夫，熬夜將會導致讀過的東西無法有效的吸收。

由於作夢有這幾種功效，因此在睡前適合背誦國文、英文與社會科等需要記憶的科目，這是配合生理時鐘來有效率的使用大腦。

文科的背誦是靠記憶，然而記憶是熟悉度問題，這些科目與其在同一個地方背誦十次，不如在十個不同的地方背誦一次，然後對每一科應有三次的複習，第一次是全面性的複習課本，使大腦有完整的記憶思路。

第二次可以注意習題練習，找出自己對於各課不熟悉或是疏漏的部分，這種選擇性地重複練習可以加深記憶。

最後是採取瀏覽記憶和強化記憶相結合，這就需要做好系統性重點整理的參考書了。

既然十一點多就睡了，那麼每天早上固定在六到七點時起床，睡眠時間應該也足夠了。考生利用晨光來調整生理時鐘，這時大腦的運作格外清晰，適合做一些需要思考的數理科目，將課本、筆記、參考書的概念、原理、公式、練習過的題目，深刻地編碼在大腦裡。

心理學研究證明，早晨起床後半小時及晚上睡覺前半小時的記憶效果最好，建議考生在早晨起床後半小時，及晚上睡覺前半小時複習最重要、關鍵的課程內容。

在讀書的過程中，還要懂得間歇性的動態休息，也就是讀一個小時就要休息十分鐘，這時必須離開座位，不管是活動四肢，還是洗臉洗手，甚至做點運動，都可以讓大腦得到調節，有助於培養下一階段的學習注意力集中。

剩下的就按照學校作息就可以了，唯一要注意的是「盡量試著午睡」。

二、平衡身心方面：

國三生的時間總感覺不夠用，壓力也是與日俱增，要放鬆、消除壓力的方式有兩種：一是藉由自然天籟類的輕音樂創造能夠安眠的環境，同時配合精油讓肌肉由外而內放鬆。

二是藉由運動促進肌肉與心情放鬆，每天抽空運動半個鐘頭即可，但睡前不宜運動以免造成睡眠障礙，也可稍加按摩頭部、眼睛或肩頸等地方放鬆。

基測是學生人生中的第一次大考，心理上有壓力在所難免，但維持固定作息並保持信心，隨著基測倒數的日子接近，反而更能激發潛力，畢竟，如同洪蘭教授所說：「適度的壓力其實對孩子是好的，它帶給孩子自信心，知道自己有什麼能力。」

三、均衡營養方面：

考試前為了能讓大腦充分發揮，所以要補充「碳水化合物」，但要避免攝取刺激性和油膩的食物，過多的蛋白質或油脂對大腦沒有太大的幫助。

除了碳水化合物的攝取之外，早餐也是很重要的一環。吃早餐可以幫助精神的集中及留心聆聽，對於閱讀能力、記憶力也是有所助益，但早上不宜攝取冷飲類，尤其是很多學生喜歡在早上喝冰咖啡或冰奶茶更是要命。

至於怎麼樣的三餐才是比較好的，不妨參考一下俗話：「早餐吃得好，午餐吃得少，晚餐七分飽，宵夜不可要，整天體力、精神、效率樣樣好。」

但不管怎樣，都還是要靠國三生自己努力才行。

國文特訓——結語

想要在考試時下筆如有神助，就必須一步一腳印的持續練習，除此之外，別無他法，說穿了，世上沒什麼事情是違反這個道理的。

人類在習慣與輕鬆的情況下可以發揮百分之百的實力，但若是想要激發出超越實力的潛能，那就需要適當的壓力。基測就是國三生不得不面對的壓力來源，想要獲得理想的分數，每天都要不斷的複習才行。

但好像不管準備再怎麼充裕，面對考試還是非常緊張，這種壓力是每個考生都必須面對的挑戰。

只要人活著，好像就會感受到各種不同的壓力，而且隨著年紀的增長，需要負責的事情越來越多，壓力自然跟著增大，尤其隨著科技文明與價值觀越來越多元，雖然擁有更多的選擇，卻也意味著要吸收更多的資訊，也就有更大的壓力，這就是多元社會的特性。

國三生也是如此，以往只有聯考一種升學制度，學生只能被動的接受、往前衝，現在的升學管道有推薦甄試、登記分發、申請入學等不同管道，學生與家長為了找到比較適合的方式，壓力也隨之應運而生，不過，當選擇一個合適的管道後，將來的壓力反而能夠減少。

雖然升學管道變多了，但還是必須面對基測這碼事，讀書跟其他任何事物沒什麼不同，想要在考試時下筆如有神助，就必須一步一腳印的持續練習，除此之外，別無他法，說穿了，世上沒什麼事情是違反這個道理的。

關於有效提升國文分數的特訓，唯有腳踏實地、不間斷的反覆學習，面對考卷就會一次比一次熟練，除此之外別無他法。

單純的分析基測題型後準備，並擬定讀書計畫都只是輔助，並不適合當作主要的學習準則，就如同孔明在〈空城計〉中提到的：「吾平生謹慎，必不弄險……吾非行險，蓋因不得已而用之。」

腳踏實地的努力學習，這才是在基測中拿取高分的最佳捷徑。
所以，還不乖乖去唸書。

後記

【後記】

流淚——一個感人的學生留言

只是寂寞

呆妹是天下第一班的學生，看綽號就不難知道，她是很標準傻大姐類型的學生，也是我和全國電子教師非常擔心的學生，總擔心她會不會很快就為人父母……

要不注意呆妹的狀況很難，高興時會笑到飆淚而久久無法恢復；生氣時滿臉通紅指著人大罵：「機」；難過時豆大的眼淚瞬間湧出用掉一盒面紙，她所有的情緒完全是外顯型。

但在這些誇張的情緒之下，呆妹其實藏著很深的不安，一種深怕一個人孤零零的不安。剛上國一的呆妹其實也不是很清楚這種情緒的來源，總覺得世界是說好了似的將她隔離起來。

因為害怕孤單，於是呆妹開始重視所謂的朋友，也因為害怕被孤立，所以一直很在意友誼，也試圖不斷的保持微笑。對於呆妹而言，孤獨應該是比什麼都可怕的一件事吧。

回憶過往

對於呆妹的不安，二〇〇五年的六月初，我曾經在《愛・上課》中的〈被遺忘的孩子〉寫到原因：

呆妹的爸爸因為躲債行蹤不明，媽媽早已改嫁而遠赴北部，因此父母雙方都無法聯繫，家裡只剩一個重聽到電話響也聽不見的阿嬤，就算家庭訪問到家裡去也根本無法溝通。

在一次偶然的機會下，我得知了呆爸的消息，試圖聯絡卻無功而返，或許是追債的壓力導致呆爸根本不敢接聽我的電話。因此我請呆妹用她的手機打給呆爸，當呆爸確定我不是討債公司而是導師時，再請他將我手機號碼輸入，拜託以後一定要接，但呆爸卻很為難的說：「啊，老蘇你又不素不豬到偶在給他跑路說，安抓給他關心小孩。」

「可是她畢竟是您的小孩，您還是可以關心一下她的近況。」

「她又不訴偶一個人的，你不會給她媽媽講喔。」

「我會的，但畢竟您還是她爸爸，對吧？」

「對了，你素不素可以幫偶棉申請那個補助，如果申請到，要通知偶去領喔。」我隱約聽到手機那頭傳來麻將的聲音。

「我是可以幫忙申請啦，可是您在跑路，可能不方便跟我拿，我就好人做到底，順便幫她繳錢好了。」

「……」呆爸對於我的做法表示默認。

「呆媽啊，我是呆妹的導師……」後來我聯絡上呆妹的媽媽，跟她說明以後請務必接我的電話。

「這個嘛，你知道我已經改嫁了，可能不方便管這麼多。」

「呆妹到底是不是你生的小孩！」我突然沒有耐性了，怎麼都這樣，小孩生了，就要負責啊。

半年之後，呆媽三不五時會回高雄探望她曾經遺忘的女兒。

提心吊膽

呆妹很積極的與班上同學交朋友，但在剛開始相處的過程中，卻往往因為意見不合而產生爭執，呆妹雖然努力想維持和諧，但卻往往傷害了自己，也傷害了對方，因為呆妹表面上是不願朋友受傷，實際上卻是不想讓自己受傷。

學生常常不知如何保持朋友間的距離，他們不了解再要好的朋友也會希望保有某些隱私，但隨著反覆經歷了吵吵合合，呆妹漸漸的也交到了所謂的死黨。

這群死黨在國中生的眼裡都屬於正妹，因此身旁常會圍繞著一群小蜜蜂，這樣的情形讓呆妹羨慕不已，於是，呆妹身旁也出現了一位正在服兵役的小蜜蜂。

情竇初開的國中生對於感情總是懵懵懂懂，許多時候的談情說愛簡直像在扮家家酒，但呆妹由於某部分的情感有著嚴重的缺空，因此她的愛情格外令人擔心，除了害怕她無法承受傷害外，也很憂慮會不會出現超越教師能力範圍外的事情。

戀愛中的呆妹應該是快樂的，但滿臉的笑意也掩蓋不了我和全國電子教師的憂慮。呆妹在兩位教師的不安中順利的畢業了，只不過我們常常會很懷疑：究竟呆妹是否把我們的話放在心上……

無意間發現

教育的影響力往往不是立竿見影的，可能是一年後，也可能是五年、十年後，但總會存在著一些東西，我一直是這樣深信著。

天下第一班畢業也快滿一年了，當寶瓶文化幫我出了一本書之後，我在部落格中發現呆妹的文章，經呆妹同意後，將全文節錄如下：

哭了

黑倫老師出書（我補充：黑倫就是我啦），然後去看買書的網址——博客來網路書店，發現有「內容簡介」，剛開始不知道，後來今天才知道。

看到：

原本狀況百出的天下第一班，在阿倫老師的帶領下，學生不但完全蛻變，全班更是向心力十足。這是他所寫下的教育奇蹟與驕傲！

那天，當學校希望我能影響更多學生，而將我從導師調至訓育組，校長卻拿出一大張卡片，寫著：「老師，我們以前或許很壞，但我們保證以後會乖乖當個好學生，可不可以請您不要走？」

這張卡片上，滿是密密麻麻、充滿孩子氣又十分熟悉的學生簽名，我想起每個學生的模樣，我說不出一句話。我在心裡告訴自己，我要終生終世守護這群孩子……——熱血教師阿倫

這段後，眼眶卻不知不覺模糊了，眼淚也巧巧的落下來！（我訂正：應該是悄悄）

摁（我訂正：應該是嗯），黑倫是我們國一剛進去的新老師，讓我們懂了很多事。

到了國二、國三，他嘴裡總會說：「我容許你犯錯，但唯一不可容許就是你放棄。」

國三黑倫是帶我們班的國文課，我們很快樂也很輕鬆，但我們還是一課一課有上到，不像一些老師也放棄交我們（我訂正：應該是教），只有黑倫會慢慢講解，用最好的方法喪我們記起來（阿倫老師訂正：應該是讓）。

國三更常聽到的「你們已經玩了兩年也夠了，剩一年好好拼也算值得的」。（我訂正：應該是拚）。

摁（我訂正：應該是嗯），夠了是夠了，但還是照玩，玩到現在連公立沒讀到，但我不後悔。

因為黑倫、山豬（我補充：山豬就是全國電子教師）讓我們懂更多事……

所以不見得成績好就有用。我們可以學一技之長將來也許也會有用啊！大家說對不對？！

哎呀！看到黑倫出書，很高興：）

但……讓我想到過去的三年，那些總總的回憶，淚……停了。該向前看齊。

三班，我很想你們！！

十分感動

嗨，呆妹！

你是我見過嗓門最大的女孩，每當你大剌剌的炫耀愛情的時候，你無法了解我和全國電子教師的感受，只是，那時我們卻不好當你的面說出來。

雖然我們不曾放棄，但心底總有一絲的洩氣，畢竟我們曾經用盡全力。

看到你文章的同時，好一陣子我是在螢幕前愣住的，這種感動，是身為教師的特權吧。

知道你正在努力生活；知道你仍有堅強的微笑，雖然無法常常見面，但很安心……

國家圖書館預行編目資料

愛・讀冊：青春期孩子這樣教／熱血教師・阿倫著. --初版. --臺北市:寶瓶文化, 2009. 09
面； 公分. --(catcher；33)
ISBN 978-986-6745-86-7（平裝）
1. 師生關係 2. 學生生活 3. 中等教育 4. 通俗作品
524.7 98016066

寶瓶文化事業有限公司 AQUARIUS

catcher 033

愛・讀冊——青春期孩子這樣教

作者／熱血教師・阿倫
主編／張純玲

發行人／張寶琴
社長兼總編輯／朱亞君
主編／張純玲・簡伊玲
編輯／施怡年
美術主編／林慧雯
校對／張純玲・陳佩伶・余素維・阿倫
企劃副理／蘇靜玲
業務經理／盧金城
財務主任／歐素琪　業務助理／林裕翔
出版者／寶瓶文化事業有限公司
地址／台北市110信義區基隆路一段180號8樓
電話／(02) 27494988　傳真／(02) 27495072
郵政劃撥／19446403　寶瓶文化事業有限公司
印刷廠／世和印製企業有限公司
總經銷／大和書報圖書股份有限公司　電話／(02) 89902588
地址／台北縣五股工業區五工五路2號　傳真／(02) 22997900
E-mail／aquarius@udngroup.com

法律顧問／理律法律事務所陳長文律師、蔣大中律師
如有破損或裝訂錯誤，請寄回本公司更換
著作完成日期／二〇〇九年七月
初版一刷日期／二〇〇九年九月
初版四刷日期／二〇〇九年九月三十日
ISBN／978-986-6745-86-7
定價／二九〇元

AQUARIUS 寶瓶 文化事業

愛書人卡

感謝您熱心的為我們填寫，
對您的意見，我們會認真的加以參考，
希望寶瓶文化推出的每一本書，都能得到您的肯定與永遠的支持。

系列：Catcher033 **書名：愛・讀冊——青春期孩子這樣教**

1. 姓名：__________ 性別：□男 □女
2. 生日：____年____月____日
3. 教育程度：□大學以上 □大學 □專科 □高中、高職 □高中職以下
4. 職業：__________
5. 聯絡地址：______________________________
   聯絡電話：__________ 手機：__________
6. E-mail信箱：______________________________
   □同意 □不同意 免費獲得寶瓶文化叢書訊息
7. 購買日期：____年____月____日
8. 您得知本書的管道：□報紙／雜誌 □電視／電台 □親友介紹 □逛書店 □網路 □傳單／海報 □廣告 □其他
9. 您在哪裡買到本書：□書店，店名__________ □劃撥 □現場活動 □贈書 □網路購書，網站名稱：__________ □其他__________
10. 對本書的建議：（請填代號 1.滿意 2.尚可 3.再改進，請提供意見）
    內容：__________
    封面：__________
    編排：__________
    其他：__________
    綜合意見：______________________________
11. 希望我們未來出版哪一類的書籍：__________

讓文字與書寫的聲音大鳴大放

寶瓶文化事業有限公司

（請沿此虛線剪下）

廣 告 回 函	
北區郵政管理局登記	
證北台字15345號	
免貼郵票	

寶瓶文化事業有限公司　收

110台北市信義區基隆路一段180號8樓

8F,180 KEELUNG RD.,SEC.1,

TAIPEI.(110)TAIWAN R.O.C.

（請沿虛線對折後寄回，謝謝）